Toni Lauerer · Voll im Trend

Toni Lauerer

Voll im Trend

BUCHVERLAG

ISBN 978-3-934863-68-2
www.mz-buchverlag.de
Umschlagfoto: Foto Wagner, Furth im Wald
© MZ-Buchverlag 2007

Inhalt

Vorwort

Grüß Gott, liebe Leserinnen und Leser!

Als ich zur Schule ging, da haben wir gelernt, wenn man es im Leben zu etwas bringen will, dann muss man fleißig sein, gescheit, zuverlässig, höflich und pünktlich.
Aber das ist lange her!
Heutzutage kann ich mich des Eindrucks nicht erwehren, besonders wenn ich manche Doku-Soaps, Reality-Shows, Fashion-Events oder Lifestyle-Magazine sehe, dass die genannten Werte gar nicht mehr so wichtig sind.
Wichtig ist heute etwas ganz Anderes: Du musst trendy sein! Es ist nicht entscheidend, was du im Kopf hast, sondern auf demselben! Sowohl was die Frisur als auch was die Kopfbedeckung betrifft.
Das Haar (gottlob hab ich keins mehr!) wird nicht mehr geschnitten, sondern gestylt, es gibt keine Kleidung, sondern ein Outfit! In der Handtasche von reichen Gören befindet sich nicht mehr der Geldbeutel, weil ihnen ohnehin alles gesponsert wird, sondern ein kleiner lebendiger Hund gegen die Einsamkeit in drogenlosen Nächten und als Beweis, dass es Lebewesen gibt, die noch dümmer sind als sie selbst (was ich allerdings in bestimmten Fällen bezweifle).
Mädchen, die kein Model werden wollen, haben den Sinn des Lebens nicht erkannt, und sechzigjährige Promigattinnen sehen aus wie aufblasbare Puppen, zumindest im Gesicht!
Und wenn dir die Nase deiner Frau nicht mehr gefällt, dann kaufst du entweder ihr eine neue oder dir eine neue Frau!
Dieser Wahnsinn hat mich zum Titel dieses Buches und teilweise auch zum Inhalt animiert.
Leider auch zum Coverfoto!
Denn ich wollte mal so richtig trendy ausschauen, herausgekommen ist aber eher ein Volldepp!

Deshalb mein Rat:
Folgen Sie keinem Trend, sondern bleiben Sie der oder die, der Sie sind!
Trends wechseln heutzutage so schnell, dass man gar nicht mehr mitkommt!

Ich kann Ihnen höchstens einen Trend empfehlen: Lesen Sie Bücher von Toni Lauerer!

Da haben Sie wenigstens etwas davon, und was das Tolle dabei ist – ich auch!

In diesem Sinne

Danke für Ihr Interesse und viel Spaß beim Lesen und Vorlesen!

Ihr

Ausgleich

Kare: Normal hob ja i a guats Verhältnis zu mein Nachbarn. Owa gestern hod er scho a weng dumm gschaut.

Sepp: Dumm? Warum dumm?

Kare: Ja, weil i hob gmoant, er waar ned dahoam und hob den ganzn Schnee vo meiner Garageneinfahrt in sein Gartn einegworfa. Derweil war er doch do und hods gseng. Gsagt hoda nix, owa passt hods eam ned recht, des hodma an sein Gschau gseng.

Sepp: Noja, also ganz ehrlich gsagt: Mir daad des aa ned passn! Der ganze Schnee im Gartn!

Kare: Owa i gleichs doch im Summa wieder aus! Weil wenn's recht hoaß is und er is ned dahoam, dann geh i mit da Giaßkanna in sein Gartn ume, do hod er nämlich a Wasserleitung, und dann hol i mein Schnee als Wasser wieder uma. Dann samma quitt!

Sepp: Ja, dann is des natürlich wos anders!

Der Einfall

Lehrer: No Flori, wos is denn los mit dir? Jetza san scho zwanzig Minuten vo da Mathematikprobe ume, und du host immer no nix aaf dein Zettel gschriebn!

Florian: Mir fallt nix ei!

Lehrer: Des is owa schlecht, wenn dir nix eifallt! Wennst amal groß bist und dir fallt nix ei, dann kimmst du ned weit in dein Beruf!

Florian: Des stimmt ned! Mein Onkel Hans is sogar zwoamol wos eigfalln und der kimmt überhaupt ned weida in sein Beruf!

Lehrer: Wos? Des muaßtma owa jetza scho genau erklärn! Wos is denn dei Onkel vo Beruf?

Florian: A Architekt! Und dem is amol a Garage eigfalln und amol a Gartnmauer!

Zeitungsente

Sepp: Hostas glesn in da Zeitung?
Kare: Wos?
Sepp: Jede zwoate Ehe in Deitschland wird geschieden!
Kare: Komisch! I hättma denkt, dass öfter de erste gschiedn wird!

Das Kompliment

Frau: Sie Herr Lauerer, kanntn Sie bitte aaf des Autogramm affe-
         schreim „für Schorschi"?
Toni: Ja freilich, gern! Is ebba des eahna Mo?
Frau: Naa, des is da Bua vo unsere Nachbarn! 10 Johr is er olt.
         Mei, Herr Lauerer, der is ein dodaler Fan vo eahna! Der
         kennt alle eahnane Gschichtn! Auswendig!
Toni: Des gfreit mi!
Frau: Und der konn Sie dermaßen guat nachmocha! Also ein-
         malig!
Toni: Ehrlich? Konn der des so guat?
Frau: Einmalig! Des kinnans eahna gor ned vorstelln, wia der Sie
         imitiern konn! Der is ein Naturtalent! Er duatse natürlich
         scho leicht, Sie nachzumocha, weil er schaut vo Haus aus a
         weng bläd!

Fastenzeit

Omei! I war aaf zwoa Bockbierfeste, do hods natürlich a guats Bier
gebn und Schupfnudeln mit Kraut. Dann war i bei an Starkbieran-
stich, do hods aa a guats Bier gebn und an drumm Leberkaas mit
Erdäpflsolod. Und letztn Samstag war i beim Fastenessn vom Pfarrge-
meinderat. Do hob i drei Teller Erdäpflsuppn gessn und drei Brezn zu
Gunsten vo da Sahelzone.
I bin jetza dann direkt froh, wenn de Fastenzeit vorbei is, weil sunst
zreissts mi no!

Die magische 4

Kare: Sepp, mir is wos passiert, des is direkt unheimlich!

Sepp: Verzähl!

Kare: I hob mir denkt: „Gehst amol in d'Spielbank! Heitzudogs geht jeder Depp in d'Spielbank, warum ned i aa!"

Sepp: Genau! Seg i aa aso! Und außerdem: Das Glück is ein Rindviech und sucht sich seinesgleichen – so gseng host du guade Chancen!

Kare: Depp!

Sepp: Nix für unguat, war bloß a Witz!

Kare: Aaf jeden Fall: I fohr mit mein Auto aaf den Spielbankparkplatz eine, war da Parkplatz Nummer 4 no frei. So, i steig aus, liegt vor meiner Fahrertür a Zettl aaf da Erd, do steht de Zahl 4 obn.

Sepp: 4? Sunst nix? Bloß 4?

Kare: Sunst nix, bloß 4! Howama no weida nix denkt. Dann geh i eine und kriag an da Garderobe a Marke mit da Nummer 4!

Sepp: Mei, des konn passiern, es is zwar scho a weng a Zufall, owa es konn passiern. Da Engländer daad sogn „Alls is possibl!"

Kare: Moment, es geht no weida! I zohl an da Kasse mein Eintritt, kriag i eine Eintrittskartn mit der Nummer 4.

Sepp: Jetza derfst owa aafhörn! Soviel Zufall aaf oamol?

Kare: Wennada's sog! Owa es kimmt no besser! I geh eine in den Roulettesalon und seg, dass am Roulettetisch Nummer 4 genau 4 Leit stengan!

Sepp: Ja gibts des aa! Des war a Zeichen!

Kare: Wenn des koa Zeichen waar! I geh an den Tisch Nummer 4 und setz 4 Euro aaf die Zahl 4.

Sepp: Und dann?

Kare: De Kugel rollt- und rollt- und rollt- und rollt – sie rollt genau viermol rundum – und es kimmt …

Sepp: Sogs ned!

Kare: Die 21!

Sepp: 21?

Kare: 21!

Sepp: Wos alls gibt!

Kinderkrankheit

Sepp: Des is des! Do hockens den ganzn Dog am Computer und daan Mord & Totschlag spieln, anstatt dass amol an de frische Luft aussegeh daadn! Und wos kimmt aussa dabei? Geistig werns dodal bläd und körperlich hamms koa Widerstandskraft ned und wern krank! I segs ja an mein Buam!

Kare: Wia des?

Sepp: Mei Bua hod heit in da Friah gsagt, er hodse an Computervirus eigfangt! Owa i hob eams glei gsagt: „Bürscherl, des is mir wurscht! Du gehst in d'Schul, dassdas woaßt!"

Die Trennung

Kare: Sepp, es hilft alles nix, i muass abnehma!

Sepp: No geh! Du bist doch ned z'schwaar! Bloß vielleicht a weng z'kloa für dei Gwicht!

Kare: Naa, ohne Schmarrn, es hod koan Taug mehr. Ab morgen essma mei Wei und i getrennt! I in da Orwat und mei Wei dahoam, dann haut des scho hi.

Sepp: Spinnst du? Wos soll denn des?

Kare: I woaß's aa ned, owa unser Nachbarin hod 35 Kilo abgnumma und sie sagt, des verdankt sie nur da Trennkost!

Jackpot

24 Millionen san im Lotto-Jackpot! 24 Millionen Euro! Wennma 24 Millionen Euro als Festgeld bei da Bank für 3 Prozent olegt, dann san des 720000 Euro Zinsen im Johr. Und weil des aso a Haffa is, isma dann im Spitzensteiersatz drin, des hoaßt, 's Finanzamt kriagt vo de 720000 Euro fast d'Hälfte! Hoffentlich gwinn i den Jackpot ned, weil des vergunn i denen ned!

Liebe Tante Gertraud!

Vielen Dank für die Modelleisenbahn, die wo Du mir zu Weihnachten geschickt hast! Die 300 Euro von Onkel Xaver waren zwar noch besser, aber die Eisenbahn ist auch ganz schön cool, besonders die kleinen Häuser, die wo ausschauen wie echt.

Auf den McDonalds ist mein kleiner Bruder draufgetreten der Depp, und jetzt ist er beinahe hin. Der McDonalds, nicht mein kleiner Bruder! Von den schönen Buchstaben, die was leuchten, sind das c und das d und das n und das a und das s kaputt. Darum heißt das Wirtshaus nicht mehr McDonalds, sondern bloß noch Mold.

Die Kirche ist auch schön und der Aldi, aber beide waren dodal leer. In der Kirche war nicht einmal ein Pfarrer drin und Ministranten auch nicht. Da habe ich einfach ein paar von meinen Plastikfiguren genommen, und jetzt ist in der Kirche was los. Der Pfarrer ist Harry Potter, und Tokio Hotel sind die Ministranten. Im Beichtstuhl sitzt ein Yedi-Ritter mit Bushido. Bushido beichtet, und der Yedi-Ritter lust ihm zu. Auf dem Aldi-Parkplatz steht Rumpelstilzchen mit Michael Ballack. Am schönsten sind natürlich die zwei Züge und der Trafo, der wo richtig elektrisch ist!

Mein Papa hat mir alles zusammengebaut, dann hat er die zwei Züge genommen und einen fahren lassen und zwar den Personenzug. Danach hat er den Güterzug auch fahren lassen, und es war echt cool! Ich habe gesagt: „Papa, jetzt will ich auch einen fahren lassen!" Aber er hat gemeint, ich soll erst noch ihm ein bisschen zuschauen, weil einen fahren lassen, das ist nicht so einfach, wie es ausschaut. Doch ich habe nicht nachgegeben und geschrieen: „Ich will jetzt sofort einen fahren lassen, bittebitte!"

In diesem Moment ist meine Mama ins Wohnzimmer hereingekommen und hat gesagt: „Untersteh dich! Wenn du unbedingt einen fahren lassen willst, dann im Klo!"

Da sieht man wieder, dass meine Mama von der Technik keine Ahnung hat, weil im Klo hat ja die Eisenbahn gar keinen Platz! Gottseidank ist sie wieder gegangen, weil es an der Haustür gelitten hat.

Dann durfte ich, und ich dachte mir, wenn ich schon einen fahren lasse, dann einen richtigen, und ich nahm den schweren Güterzug. Ich drehte den Schalter vom Trafo bis ganz nach oben, damit sich etwas rührt. Aber dem Güterzug war es zu gaach! In der ersten Kurve haute es ihn hinaus, und alles, was auf den Waggons war, lag herum: Holz, Schafe, meine Coladose und Papas Presssackssemmel. Akkrat flog ein Holzdrumm in das Mold, und jetzt heißt es nur mehr ol.

Aber ich werde es schon noch lernen, und wenn ich es kann, dann zeige ich es meinem kleinen Bruder. Ich habe schon zu ihm gesagt: „Wenn du fest übst und mir gut zuschaust, dann kommt einmal der Tag, wo du auch einen fahren lassen darfst!" Er hat gesagt, da freut er sich jetzt schon darauf.

Wenn du einmal zu Besuch kommst, dann darfst du ruhig auch einen fahren lassen. Aber aufpassen musst du schon, weil du bist auch nicht mehr die Jüngste, und da kann schnell was passieren, wenn man einen zu schnell fahren lässt!

Geburtstagsfrust

Gratulant: Geh her Schorsch, lassda gratuliern! Alles Guade zum 60. Geburtstag! Gott erhalte dir deine Gesundheit und die Arbeitskraft deiner Frau! Hähä! Gschenk hob i koans, owa du host eh scho alls!

Jubilar: Dankschön, Rudi! Bestn Dank!

Gratulant: Und? Wos is des für a Gfühl? Gestern warst no 59 und heit bist 60! Isma do frustriert? Rein menschlich, moan i.

Jubilar: Also, wenn i ganz ehrlich bin, Rudi, mir waars liawa, i waar noch 59 glei 70 wordn!

Gratulant: Wos??? Moch koa Witze! Des glaubst doch selber ned!

Jubilar: Doch! Dass i jetza 60 bin, des passt mir überhaupt ned! Meiner Lebdog war i a Bayern-Fan. Und heit in da Friah beim Zeitungholn triff i mein Nachbarn. Sagt der zu mir: „Servus Schorsch! Alles Guade! Ab heit bist a 60-er!"

In der Oberpfalz gibt es den schönen Begriff „Doutschmatzer" (auf hoch-
deutsch „Totreder"). Das sagt man zu Leuten, die partout ihren Mund nicht
halten können und zu jedem Thema ihren Senf dazugeben müssen. Der
Mensch in der nachfolgenden nächtlichen Szene ist auch ein „Doutschmat-
zer", aber er hat einen guten Grund dafür!

Der Witzbold

Polizist: Schönen guten Abend, Verkehrskontrolle!

Fahrer: Ja do schau her! In der Nacht ist der Mensch nicht gern
alleine! Des gfreit mi direkt, dass Sie mi jetza oholtn! Is
eh so einsam aaf da Landstraß in da Friah um holwe
zwoa! Do schad' a weng a Ansprach gar nie nicht! Mitn
Redn kemman d'Leit zamm! I moan bloß!

Polizist: Äh ... ja. Haben Sie was getrunken?

Fahrer: 12 Holwe und an sauern Pressog!

Polizist: Wie bitte??

Fahrer: War a Witz! Herr Hauptkommisar, des war a Scherz! I sog
allaweil: Wiama in den Wald hineinruft, so ich dir! Vers-
tengas? Der Kurt geht so lange zum Brunnen, bis er
bricht! I mog des, wenn a guade Stimmung is. Do men-
schelts glei und des is doch des, wosma alle braucha.
Stimmts oder howe recht?

Polizist: Hauchen Sie mich mal an!

Fahrer: Zu Befehl, Chef! *Haucht kräftig.*

Polizist: Um Gottes Willen! Das ist ja widerlich!

Fahrer: Des glaub i scho, weil da sauerne Pressog, der war koa
Witz! Den hob i wirklich gessn! Mit vül Zwiefl! Do rührtse
wos im Karton! *Rülpst innerlich.* Hoppala, des war a Kop-
perl! Kreizbirnbaam, hob i Luft im Bauch. Wia a Luftbal-
lon! Hargottseitn! Do wird mei Gertraud wieder deifln,
wenne stink wia a Goaßbock!

Polizist: Zeigen Sie mir bitte Ihren Führerschein und den Fahr-
zeugschein!

Fahrer: Führerschein? Jetza glaub i, bringens wos durchananda!
Den habts doch ihr! Den habtsma doch vor vier Wochen

	zwickt, wia i mit zwoa Promille und 120 den Hosnstoll zlegt hob. Mei, hamm de Hosn ausgschaut! Ein Bild des Elends! Also Hasen, ned Hosn! Koa Kleidungsstücke! Tiere! Viecher!
Polizist:	Waaas???
Fahrer:	War a Gag! I wollt bloß de Situation a weng aaflockern! Mir samma doch alle Menschen, oder? Lachen ist gesund! Do schauns her, do isa, mei Führerschein! Schauns eahna amol des Bildl o, do war ich achtzehn! Des is jetza 27 Johr her. Daadn Sie mi do kenna?
Polizist:	*Mustert das Bild.* Kaum!
Fahrer:	Eben! A Wunder waars ned. Damals hob i no 60 Kilo und 50000 Hoor ghabt! Heit is praktisch umkehrt. Also, sinngemäß, 50000 Kilo hob i natürlich ned! Owa 60 Hoor, des kannt hikemma. Hahaha! „Spaß muss sein, sprach Wallenstein!" Kennens den Spruch? Der geht no weida! Owa im zwoatn Teil wirda ordinär!
Polizist:	Nein, kenne ich nicht, will ich auch gar nicht kennen. Jetzt zeigen Sie mir bitte den Fahrzeugschein!
Fahrer:	Alles klar, Herr Kommissar! Owa z'erst zoag i eahna no wos anders. Do werns spitzn! Schauns her, i hob do a Bildl vo meiner Schwiegermuada in mein Geldbeidl drin. Nur mit Nachthemd bekleidet! Do schauns her! Guat, ha?
Polizist:	Und was soll das?
Fahrer:	Des is a Art Abschreckung! Wenn mir a Schlawiner den Geldbeidl strabanzt, also entwendet praktisch … haha … i muaß direkt lacha, wenn i drodenk, also wenn der in den Geldbeidl eineschaut … hihi … und segt des Bildl, den trifft da Schlog! Aso a Bildl, des is ein Schock! Guat, ha?
Polizist:	Naja, ich weiß nicht.
Fahrer:	Des is super! Schauns eahna doch des Weiberts o! Des is doch a weiblicher Quasimodo! Wissns scho, da Glöckner vo Notre Dame, da Quinn Done, Antony. Und dann no so wampert! Gottseidank schaut ihr ihra Tochter ned gleich, weil de hob i nämlich gheirat!
Polizist:	Logisch! Sonst wäre es ja nicht Ihre Schwiegermutter!
Fahrer:	I merks scho: Sie hamm a Hirn! Sie denken mit! Des mog

i, wenn a Beamter wief is! Do schauns her, do is da Fahrzeugschein! Kinnans ruhig alles segn, i hob nix zu verbergen! Wissns, i sog allaweil: Lass dir nix zuschulden kemma, dann konn di de ganze Welt am Orsch lecka! Also, i moan jetza ned Sie persönlich, sondern d'Welt an sich! Mir konn koana wos ohobn. I hob a saubere Westn! I bin schuldenfrei! Do kinnans eahna jederzeit erkundigen, Herr Kriminalrat! I hob mein Dispokredit bis heit ned in Anspruch gnumma!

Polizist: Ihre finanziellen Verhältnisse sind mir eigentlich egal. Ich möchte nur kontrollieren, ob Ihre Fahrzeugpapiere in Ordnung sind.

Fahrer: Alles klar! Sie machan ja aa bloß eahnan Job! I versteh des dodal! Es is ned einfach, wennst in da Nacht in da Prärie umanandastehst wia bstellt und ned abgholt und dahoam treibt dei Olte wer woaß wos mit wer woaß wem!

Polizist: Wie bitte???

Fahrer: War wieder a Witzerl! Nix für unguat! Mir wenn wos Lustigs in Sinn kimmt, dann muaß i des umgehend aussahaun, sunst zreissts mi! Do bine aso! I moch einfach gern amol a Gspassettl!

Polizist: Das mag schon sein! Aber Hinweise auf meine Frau und ihre eheliche Treue verbitte ich mir! Da hört der Spaß auf!

Fahrer: Sorry! Kimmt nimmer vor! Sie, wia is jetza des, wennma in da stockfinstern Nacht aso kontrolliert? Do konn doch durchaus a Gschwerl daherkemma, oder? Kimmt do zwischendurch aa amol a Terrorist vorbei? Oder bloß Menschen wia du und i?

Polizist: Ein Terrorist? Also, bei mir ist noch keiner vorbeigekommen!

Fahrer: Sogns des ned! De san meistens inkognito! De kennst du nicht weg von an normalen Menschen! Grod de Schläfer, des san de hinterlistigstn! Hä, de hamm eine Tarnung, do hauts dir den Vogl aussa! I hob oan gseng, persönlich!

Polizist: Sie? Sie haben einen Terroristen gesehen?

Fahrer: Also zu 80 Prozent wars oana. Letzts Johr am Oktoberfest – des war oana, scho rein äußerlich – und aa vom

	Ausschaun her, also wenn des koaner war, dann woaß i nimmer!
Polizist:	Wieso?
Fahrer:	A Lederhosn, gstickte Hosenträger, Wadlstrümpf, an Gamsbart und an schwarzn Schnurrbart – typisch!
Polizist:	Und wie kommen Sie darauf, dass das ein Terrorist war?
Fahrer:	Der hod im Bierzelt an Tee trunka! An Tee! Mir hod vom Hischaun scho graust! Und zwoatens hod er a verschlei-erts Wei dabeighabt. Owa scho dermaßen verschleiert, do host du ned gwisst, wo hint und vorn is. Und wia der gred hod! De klassische Terroristensprache – lauter „ch", wissens scho, so „alachmanachlamachdelachsedach"; woaß da Deifl, wos des bedeit. I hob aaf jeden Fall zu mei-ner Gertraud gsagt, „Gertraud", hob i gsagt, „gemma in a anders Zelt, weil aaf d'Letzt hod der Baraber a Bombn im Sook! Wer im Bierzelt an Tee trinkt, der hod wos zu ver-bergen! Und dann des andauernde „ch"!
Polizist:	Also, ich glaube, da ist die Fantasie mit Ihnen durchge-gangen!
Fahrer:	De Kamöltreiber, de greislichen!
Polizist:	Also, entschuldigen Sie, aber das sind dumme Vorurteile!
Fahrer:	I mogs ned, weiles ned mog! Wenn i heit in da Lederhosn im Bierzelt sitz, dann trink i koan Tee, weil des is eine Entweihung von der Lederhosn! I moan, dass oaner sei Frau verhüllt, des lass i mir no eigeh, weil wos des be-trifft, do wissert i mehra, de verhüllt ghöratn, zum Bei-spiel de, do wo i a Bildl im Geldbeidl hob …
Polizist:	Ihre Schwiegermutter!
Fahrer:	Haargenau! De als allererste! Owa an Tee im Bierzelt – naa, es gibt Grenzen!
Polizist:	Das ist ja nun Ihre Privatsache! Könnten Sie mir bitte noch das Warndreieck und den Verbandskasten zeigen, dann ist die Sache für Sie erledigt! Dann können Sie wei-terfahren.
Fahrer:	Kennan Sie den Witz vom Hörgerät und vom oltn Grafen im Buff? Also Bordell! Buff halt!
Polizist:	Bitte zeigen Sie mir das Warndreieck und den Verbands-kasten!

Fahrer:	Des is fei a guada Witz! Owa eher wos für Männer! Also mei Frau, de konn do überhaupt ned drüber lacha! Owa de is sowieso allaweil glei aggressiv, wenns vom Buff wos hört. Des passt ihr ned. De is do in derer Hinsicht a weng intolerant! Owa sie kocht a guats Gulasch! Eins A!
Polizist:	Das ist mir eigentlich egal, jetzt zeigen Sie mir bitte den Verbandskasten und das Warndreieck!
Fahrer:	Wollnses selber holn? Hintn im Kofferraum waars drin!
Polizist:	Ich darf doch sehr bitten! Sie holen die Sachen und legen sie mir vor! Selber holen! Ich darf doch sehr bitten!
Fahrer:	Alles klar! Dann holes vira, des Zeig. Sie daan ja aa bloß eahna Orwat, Sie kinnan ja so gseng nix dafür! Sie daadn vielleicht privat scho mein Witz gern hörn, als Mensch, owa ned als Beamter, weil Dienst is Dienst und Schnaps is Schnaps! Des is a guade Einstellung! Sie kinnans no weit bringa als Polizist! Und jetzt hol i eahna des Warndreieck und den Verbandskasten! Weil Sie ein Mann mit einer Dienstauffassung san, de wos mir gfallt! Sie hamm einen Charakter!
Polizist:	Ja, schon gut, jetzt holen Sie die Sachen!
Fahrer:	*Nachdem er aus dem Kofferraum die gewünschten Gegenstände geholt hat:* Do schauns her, alles do! Des is a Original-Warndreieck vo Tschechien! Dobry! Des hoaßt „guat" aaf tschechisch! Und der Verbandskasten is no zwoa Johr haltbar. Mit dem kinnan Sie praktisch aaf offener Straß operiern, wenns nix komplizierts is! Alles top! Und no wos: I moch alle zwoa Johr an Erste-Hilfe-Kurs! Zwecks da Auffrischung! Mei Schwiegervoda, der is nämlich beim Rotn Kreiz, a Profi praktisch. Der is da Kursleiter. Wenn amol wos waar, i bin medizinisch fit!
Polizist:	Ach was!
Fahrer:	Jawoll! Soll i Eahna de stabile Seitenlage zoagn? De konn im Ernstfall Leben retten! *Will sich hinlegen.*
Polizist:	Um Gottes Willen, bleiben Sie stehen! Bringen Sie das Warndreieck und den Verbandskasten zurück in den Kofferraum und fahren Sie! Es ist alles in Ordnung!
Fahrer:	*Nachdem er die Sachen wieder im Kofferraum verstaut und diesen geschlossen hat:* Oder Mund-zu-Mund-Beatmung?

	De konn i aa perfekt! Legns eahna her, dann zoages eahna! I schmeck holt a weng nach Zwiefl. Owa im Ernstfall waar des wurscht, weil Sie waarn ja eh bewusstlos.
Polizist:	Bleiben Sie mir bloß vom Leib! Steigen Sie ein und fahren Sie! Alles in Ordnung!
Fahrer:	I hoff, Sie san mir jetza ned bös wega meine Gspassettln! I konn einfach ohne Gaude ned sei!
Polizist:	Nein, ich bin Ihnen nicht böse, jetzt fahren Sie schon!
Fahrer:	Und de 50 Stangen Zigrettn im Kofferraum wollns ned segn, hihi!
Polizist:	Jetzt hören Sie auf mit Ihren dummen Späßen und fahren Sie!
Fahrer:	Erste Ware! Hähä! Rauchma oane mitananda! I moch gern amol an Gag. Des lockert des Verhältnis zwischen Polizisten und Menschen. Obwohl, pauschal gseng, san ja Sie aa aso a Art Mensch. Nix für unguat, man red ja bloß!
Polizist:	Schon gut! Gute Fahrt!
Fahrer:	Und de Zigrettn wollns wirklich ned segn? Erste Qualität! Hähä!
Polizist:	Sehr witzig!
Fahrer:	Also dann, a scheene Nacht no! Bleibns so menschlich, weil des kimmt o bei de Leit! Ned umasunst gibts des scheene Sprichwort: Tut der Bulle freundlich blicken, darf er den Schein mir gerne zwicken, doch macht er ein zwiders Gsicht, geb' ich ihm den Lappen nicht!
Polizist:	Sehr nett!
Fahrer:	Gell! Is aa vo mir! I dicht oft! Für'n Privatgebrauch!
Polizist:	Und jetzt fahren Sie endlich!
Fahrer:	Habe die Ehre, Herr Polizeipräsident! *Nachdem er weggefahren ist und das Fenster hochgedreht hat:* Jetza hob i owa endgültig d'Schnauzn voll vo dem Zirkus! Des war heier scho de dritte Kontrolle. I holt des nervlich nimmer aus. Des naxte Mol sollse da Erwin seine blädn Zigrettn selber aus Tschechien aussaschmuggeln!

Sie sind schlimm, und sie werden immer schlimmer – die sogenannten „Doku-Soaps" auf den privaten Fernsehsendern. Aus ganz banalen Alltagsszenen produziert man mehrteilige Serien mit Laiendarstellern, denen nichts, aber auch gar nichts zu peinlich ist. Die Darsteller stehen darüber hinaus oft kostenlos zur Verfügung, da sie alles dafür tun, um ihr Gesicht einmal im Fernsehen zu sehen. Die Sendungen haben oft so schockierende Titel wie „Wir ziehen um" oder „Unser Nachbar kauft neue Fliesen" oder gar „Der Tag nach der Darmspiegelung"! Etwas langatmig und schwierig werden die ansonsten nicht sehr anspruchsvollen Dreharbeiten allerdings, wenn der Hauptdarsteller das nötige Engagement vermissen lässt beziehungsweise kein Gespür für den Sensationshunger der Zuschauer hat wie beispielsweise

Klärwärter Senkgruber – der Mann für ungeklärte Fälle

Reporter:	So, Herr Senkgruber, gleich starten wir! Also, wie besprochen: Ich frage Sie, und Sie antworten mir hier ins Mikro. Und nicht vergessen, der Titel unserer Live-Doku-Soap lautet „Klärwärter Senkgruber – der Mann für ungeklärte Fälle"!
Senkgruber:	Des hörtse o wia wenns „Tatort" waar!
Reporter:	Genau! Sie habens gecheckt! Sex and Crime!
Senkgruber:	Wos? Wer?
Reporter:	Keine Panik, alles im Griff! Charly nimmt das Ganze gleich mit der Kamera auf. Charly, alles roger?
Charly:	Bingo!
Senkgruber:	*Meldet sich wie ein Schüler.* Do hätt' i no a Frage!
Reporter:	Nur zu!
Senkgruber:	Wos soll i do sogn?
Reporter:	Reden Sie einfach, wie Ihnen der Schnabel gewachsen ist! Sie sollen so authentisch wie möglich rüberkommen.
Senkgruber:	Soll i zu eahna umekemma?
Reporter:	Nein, bleiben Sie stehen, Sie brauchen nicht rüberkommen, also nicht im wörtlichen Sinn! Reden Sie

	einfach so, wie Sie immer reden! Als würden Sie mit einem guten Freund reden.
Senkgruber:	Mit'n Max?
Reporter:	Zum Beispiel! Reden Sie, als wenn ich der Max wäre, so frei von der Leber weg!
Senkgruber:	*Grinsend:* Da Max, des is a ganz a Schweinerner! Der duat beim Rindlinger Bagger fahrn!
Reporter:	Ach was!
Senkgruber:	Jaja, da Max is a Baggerfahrer!
Reporter:	Interessant!
Senkgruber:	Beim Rindlinger!
Reporter:	Is ja jetzt auch egal! Sie antworten mir jetzt dann auf jeden Fall ganz locker, Herr Senkgruber! Und ruhig ein bisschen Action! Die Zuschauer möchten unterhalten werden! Entertainment! Sie verstehen?
Senkgruber:	Naa!
Reporter:	Macht nichts, wir fangen einfach mal an! Charly?
Charly:	Bin im Bilde!
Reporter:	Also: Wir sind hier in der gemeindlichen Kläranlage in Deglwulting. Bei mir ist Herr Xaver Senkgruber, der leitende Klärwärter – Herr Senkgruber, das ist also Ihr Reich!
Senkgruber:	Wird des jetza scho aafgnumma? *Deutet auf Charly, der entnervt die Kamera sinken lässt.*
Reporter:	Eigentlich wurde es schon aufgenommen, aber jetzt müssen wir noch mal kurz stoppen, weil ja jetzt Ihre Frage drauf ist.
Senkgruber:	Bin ich ein Depp!
Reporter:	Alles halb so wild!
Senkgruber:	Ha, dass i aso a Rindviech bin!
Reporter:	Kein Problem, wir fangen noch mal an! Charly?
Charly:	Und los!
Reporter:	So, Herr Senkgruber, das ist also Ihr Reich – die gemeindliche Kläranlage in Deglwulting!
Senkgruber:	*Unsicher:* Ja.
Reporter:	*Übertrieben naserümpfend und grinsend:* Ein etwas anrüchiger Job, oder?
Senkgruber:	Wos?

24

Reporter:	Es riecht nicht besonders gut an Ihrem Arbeitsplatz!
Senkgruber:	Des daad i ned sogn – gscheit stinka duats halt!
Reporter:	Äh, genau! Und zwar ziemlich! Ist es schon mal zu Vergiftungen gekommen?
Senkgruber:	Naa!
Reporter:	Nicht?
Senkgruber:	Naa!
Reporter:	Ah ja! Äh ..., Sie sind ja staatlich geprüfter Klärwärter!
Senkgruber:	Des hob i Eahna doch am Telefon scho gsagt!
Reporter:	Moment, Herr Senkgruber, so geht das nicht! Das stimmt schon, dass Sie mir das am Telefon schon gesagt haben, aber die Fernsehzuschauer wissen es noch nicht! Deshalb müssen wir ihnen das erklären! Die sind hungry for news!
Senkgruber:	Wos?
Reporter:	Die wollen mit Infos gefüttert werden! Die wollen was wissen! Wer Sie sind, was Sie sind, was Sie tun!
Senkgruber:	Aso! Mei, bin ich ein Depp! Des is mir jetza direkt zwider! Miaßma jetza wieder vo vorn ofanga?
Reporter:	Charly?
Charly:	Können wir schneiden! Macht ruhig weiter!
Reporter:	Charly, du bist ein Schatz! Wenn du eine Frau wärst, ich würd dich heiraten!
Senkgruber:	*Zu Charly:* Eam schau o! Ehs vom Fernseh seids doch eh alle schwul!
Reporter:	Nicht alle! Aber egal! Also: Herr Senkgruber, Sie sind ja staatlich geprüfter Klärwärter!
Senkgruber:	Ja!
Reporter:	Wie wird man das? Ist das eine offizielle Ausbildung?
Senkgruber:	Ja!
Reporter:	Interessant! Und wie kamen Sie auf die Idee, Klärwärter zu werden? Viele Jungs wollen ja Pilot werden oder Feuerwehrmann. War Klärwärter schon immer Ihr Traumberuf?
Senkgruber:	Mei, wos hoaßt Traumberuf? Mei, so direkt eigentlich ... *zuckt unschlüssig mit den Schultern* ... also so direkt, des konnma so in dem Sinn aa ned direkt aso sogn ... mei ...
Reporter:	Anders gefragt: Wie kam es zu dieser Entscheidung?

Senkgruber:	Mei, i bin aus da Schul drauskemma, nacha hob i ned gwisst, wos i dua soll.
Reporter:	Aha! Liebe Zuschauer, da haben wir wieder das Problem der Orientierungslosigkeit der Jugend! Was soll ich machen? Wie sieht meine Zukunft aus? Was geht ab? Sie sehen, das hat es auch schon früher gegeben!
Senkgruber:	Wos?
Reporter:	Also, Sie wussten nicht, was Sie machen sollten. Und dann?
Senkgruber:	Dann hod da Voda gsagt: „D'Zeiten san schlecht, owa gschissn wird immer!"
Reporter:	Das ist eine fast schon philosophische Betrachtungsweise! Die Zeiten sind schlecht, aber geschissen wird immer! Eine große Wahrheit! *Zeigt ebenso wie Charly mittels nach oben gerichtetem Daumen, dass er Senkgrubers Aussage für sehr telegen hält.*
Senkgruber:	Des san Tatsachen!
Reporter:	Und dann haben Sie die Ausbildung begonnen?
Senkgruber:	Ja genau! Mei Zeignis war ned direkt schlecht, da Voda war bei da CSU, mei, wias halt aso is, nacha wirdma gnumma.
Reporter:	Und die Ausbildung war hart, oder?
Senkgruber:	Mei, wos hoaßt hart. Wer's mog, dem gfallts!
Reporter:	Naja, ich könnte mir vorstellen, dass gerade in so einem Umfeld einem jungen Burschen, der frisch von der Schule kommt, die ekelhaftesten Arbeiten zugeteilt werden.
Senkgruber:	Ja genau!
Reporter:	*Sensationslüstern grinsend:* Und was mussten Sie tun? Beschreiben Sie es unseren Zuschauern! Und gehen Sie ruhig ins Detail!
Senkgruber:	I hob allaweil d'Brotzeit holn miassn! Obwohl – so ekelhaft war des aa wieder ned! Von da Kläranlag zum Metzger sans ja bloß 500 Meter. Und i hob ja damals scho a Mofa ghabt!
Reporter:	*Enttäuscht wegen der nicht ekligen Antwort:* Ach ja?
Senkgruber:	Jawoll! Normal waars ja bloß 40 Stundenkilometer schnell ganga, owa i hobs aaffrisiert! I sogs eahna, des

is abganga wie ein Gschoß! Amol wars da Wahnsinn an sich: I fohr mit mein Mofa aso dahi, i glaub, es war Samsdog ... oder naa, Freidog wars! Oder? Moment, i kimm scho no draaf! Aaf jeden Fall wars bluadig hoaß, wenn mi ned alles deischt, war a Länderspiel, Deitschland gega d'Schweiz oder naa, es war ...

Reporter: Äh, Herr Senkgruber, wenn ich Sie unterbrechen darf: Wir wollten eigentlich über Ihren Job sprechen!

Senkgruber: Omei, freilich! I erzähl eahna do d'Story vom Pferd beziehungsweise vom Mofa! Des interessiert ja koa olte Sau! Entschuldigung! *In die Kamera:* Nix für unguat, liebe Hörer ... äh Zuschauer natürlich! *Zum Reporter:* „Hörer" sog i, i Depp! Beim Fernseh'!

Reporter: Alles klar! Äh, Charly, das Mofa schneiden wir raus!

Charly: Logo!

Senkgruber: Hau's aussa, Charly! *Lacht kumpelhaft.*

Charly: Mach ich, Senki!

Senkgruber: *Lachend und kopfschüttelnd:* Senki sagta! Also naa! Da Charly! Aso a Vogl!

Reporter: So, Herr Senkgruber, jetzt machen wir weiter ab dem Satz wo Sie sagen, dass Sie die Brotzeit geholt haben!

Senkgruber: Ab Brotzeit, jawoll!

Reporter: Aha, Herr Senkgruber, Sie waren also der Brotzeitbursche!

Senkgruber: Ohne Brotzeit is aa koa Leben, oder?

Reporter: Genau! Und sonst? Können Sie uns die Technik der Kläranlage erklären? Gutes Wortspiel! „Kläranlage erklären"!

Senkgruber: Wos?

Reporter: Ist schon gut! Jetzt sagen Sie uns mal: Wie funktioniert so eine Anlage?

Senkgruber: Also, i erklär des jetza aso, dass des aa a Laie kapiert, weil einfach is des ned! Weil d'Leit moanan ja, da kimmt vorn's Exkrement eine und hintn kimmt's Mineralwosser aussa. So einfach is des ned!

Reporter: Das glaube ich! Aber erklären Sie mal, wir haben Zeit!

Senkgruber: Also, des is aso: De Anlage, de funktioniert vollautomatisch! Quasi!

Reporter:	Aha! Und?
Senkgruber:	Nix und, des wars! Mehr woaß i aa ned. I bin doch koa Ingenieur ned! I kannt eahna höchstens no de Knöpf' zoagn, do wo i draafdrucka muaß. Also de kannt eahna scho zoagn, weil des is interessant! De leichtn im Finstern! Rote san dabei, grüne, orange, des is wirklich interessant! Sowos segtma ned oft!
Reporter:	Okay, dann gehen wir mal in die Schaltzentrale! Charly, auf gehts! Herr Senkgruber, Sie gehen voraus!
Senkgruber:	Alles klar! Unauffällig folgen! *Lacht.* Des hodma bei da Bundeswehr allaweil gsagt! Warn Sie aa beim Bund?
Reporter:	Nee. Ich war Zivi im Krankenhaus!
Senkgruber:	Ach du Schreck! Des waar nix für mi! I vertrog de schlechte Luft ned! I hob a recht empfindliche Nosn!
Reporter:	Aha! So, da wären wir also jetzt! Das ist ja ein hochtechnischer Raum hier! Sieht aus wie'n Flugzeugcockpit!
Senkgruber:	Des mog scho sei, owa i konns ned sogn, weil i war no nie in an Flugzeig drin. In an Cockpit scho zwoamol ned!
Reporter:	Is ja auch egal! Charly!
Charly:	Hier bei der Arbeit!
Reporter:	Charly, jetzt lass mal mitlaufen! Machen wir noch'n paar O-Töne vom Senkgruber, dann ein paar Außen-Takes und das wars dann!
Senkgruber:	*Verwirrt:* Wer? Wos? Also, des hob i jetza ned verstandn!
Reporter:	Macht nix! Charly?
Charly:	Bin drauf!
Senkgruber:	Wos, er is drauf? Warum is er drauf? Er is doch da Kameramann! Der konn doch ned aafm Film draaf sei, der is doch der, der wos filmt!
Reporter:	Nee, Herr Senkgruber, das hamm Sie falsch verstanden! Es läuft so: Ich stelle Ihnen noch ein, zwei Fragen, Sie antworten in die Kamera und schon hammwas geschafft! Game over quasi!
Senkgruber:	*Lachend:* Hund' seids scho! Game over! Geh leck mi fett!

Reporter:	So, gehen wir's an! *Gespielt erregt in die Kamera:* So, es wird spannend, liebe Zuschauer! Hier sind wir nun in der Kommandozentrale! Herr Senkgruber, Sie sind ja der Herr über diese Anlage!
Senkgruber:	*Stolz:* Jawoll! Ohne mi geht do gar nix!
Reporter:	Können Sie unseren Zuschauern mal schildern, wie aus, äh, ja, man muss es so sagen, wie aus Kacke im Endeffekt Wasser wird! Haha!
Senkgruber:	*In die Kamera:* Also, des is aso: Z'erst kimmt alles eina, da ganze Dreg und alles. Dann, wenn's herin is, dann kimmts zu an Filter, do wirds gfiltert!
Reporter:	Aha!
Senkgruber:	Ja genau! Dann kimmt a zwoater Filter, der filterts glei nomol!
Reporter:	Ein zweiter?
Senkgruber:	Genau! Owa dann wirds kompliziert!
Reporter:	Was kommt dann?
Senkgruber:	Dann kimmt a dritter Filter!
Reporter:	Aha! Und dann ein vierter Filter?
Senkgruber:	Naa, a Vorklärbecken, do wird vorklärt. Dann kimmt a Absetzbecken, do setztse dann wos ab!
Reporter:	Die eher festen Bestandteile!
Senkgruber:	Da Dreg halt, aaf Deitsch gsagt! Ja und dann, dann wirds allaweil sauberer und ganz aaf d'Letzt, do rinnts dann weg!
Reporter:	Wohin?
Senkgruber:	In Fluss eine! Weil dann is's ja praktisch sauber! Also grob gsagt; saffa möchtes ned!
Reporter:	Hochinteressant!
Senkgruber:	Scho! Und wenn wos is, dann leicht do des rote Lichtl, dann woaß i sofort: „Holt aus, do is wos!" Also, es is scho a Super-Job!
Reporter:	Was könnte denn zum Beispiel sein?
Senkgruber:	Keine Ahnung! Bis jetza war ja no nix!
Reporter:	Ein Super-Job! Liebe Zuschauer, ein besseres Schlusswort gibt es nicht! Das war und ist Wendelin Senkgruber, der Mann für ungeklärte Fälle! Danke, Herr Senkgruber! Charly! Gestorben!

Senkgruber:	*Erschrocken:* Wer?
Reporter:	Nein, das sagt man so, wenn die Szene im Kasten ist!
Senkgruber:	Aso! Und wann kimmt des im Fernseh'? Weil i daads dann gern aafnehma! Und im Lokalteil vo da Zeitung daades aa ankündigen, weil es is ja doch a gwisse Werbung für unser Kläranlag! Und aa familiär! Sowos konnma no seine Enkerl zoagn!
Reporter:	Mal sehen. Wir rufen Sie an! Also, tschüss, Herr Senkgruber!
Senkgruber:	Pfüat Gott! Soll i no mit ausse kemma?
Reporter:	Nee nee, wir finden selbst raus! Tschüss nochmal!
Charly:	Tschau, Kollege!
Senkgruber:	Ja, is scho recht! Werds ned schlechter!

Reporter und Charly verlassen das Gebäude.

Reporter:	So Charly, schieß noch'n paar Aufnahmen von der ganzen Kacke hier und dann nix wie weg! Ich krieg schon fast keine Luft mehr!
Charly:	Okay! Glaubst du ehrlich, dass wir diesen Beitrag an irgendwen verkaufen können? „Alltag eines Klärwärters" – so was interessiert doch kein Schwein!
Reporter:	Och, das verkaufen wir an einen Privatsender! Die senden jeden Scheiß!

Es heißt immer, wir Männer seien unsensibel. Von wegen! Wir haben mehr Gefühle, als man glaubt!

Ein guter Freund

Rudi: Woaßt, wos is dir sog, Mich?

Mich: Wos nacha?

Rudi: Du brauchst als Mo an guadn Freind! Aa wennst verheirat bist!

Mich: Dann erst recht!

Rudi: Owa ehrlich! Do bin i direkt froh, dass i di hob!

Mich: Rudi! Des is doch klar! Wennma mir zwoa ned zammholtn daadn, wer dann?

Rudi: Genau! Wer dann! Es gibt einfach Sachen aaf dera Welt, de konnst du mit einer Frau ned besprecha!

Mich: Ned amol mit da eigenen!

Rudi: Mit dera sowieso ned! Dera faahlt do des Verständnis!

Mich: Weil de versteht des ned!

Rudi: Zum Beispiel unsere Gefühle!

Mich: Unsere Gefühle? Wia moanst jetza des?

Rudi: Schau her, mei Frau, de sagt allaweil, i hob koa Gfühl. Owa de Wahrheit is: I hob oans! Ich habe ein Gefühl! Und wos für oans! Owa de kennt des ned. Des is fei scho frustrierend, wennst du ein Gfühl host und dei eigene Frau kennt des ned! Des belast mi! I bin aa bloß a Mensch!

Mich: So gseng scho.

Rudi: Zum Beispiel gestern wieder: Do hob i des Gfühl ghabt, dass mi dürscht.

Mich: Ah geh!

Rudi: Wenn i dir's sog! Dodal intensiv! Und wos sagt sie?

Mich: Wer?

Rudi: Mei Frau!

Mich: Aso! Ja freilich! Wos sagt sie?

Rudi: Sie sagt: „Zum Krumpler willst aaf a Maß? Heit? Wo i Geburtstag hob! Du host einfach koa Gfühl!" Des muaßt du

	dir amol vorstelln! I bin ja nur zum Krumpler ganga, weil
	i des intensive Gfühl ghabt hob, dass mi dürscht. Und sie
	sagt, i geh zum Krumpler, weil i koa Gfühl hob! Wahn-
	sinn! Woaßt, do hoaßsts „in guten und in schlechten
	Zeiten" und dann sowos! Do zweiflst dann scho a weng,
	ob des de Richtige is für's Lebn!
Mich:	Also Rudi, i versteh di voll und ganz! Des konnma wirk-
	lich ned sogn, dass du koa Gfühl ned host! Im Gegenteil,
	du host doch wahnsinnig oft des Gfühl, dass di dürscht!
Rudi:	Praktisch täglich!
Mich:	Ja eben! Oft mehrmals!
Rudi:	Eben! So gseng bin i ein gefühlsbetonter Mensch! Und
	mi gfreit des, dass i an so an Freind hob wia di. Du host
	Verständnis für meine Gefühle!
Mich:	Genau! Do konnst di draaf verlassn! Wia bist denn heit
	gfühlsmassig beianand?
Rudi:	Also, momentan hob i des Gfühl, i kaaf mir no oa
	schnelle Holwe, dann packes! Hä, Krumpler! Bringma no
	an Schnitt! A Sturzholwe!
Wirt:	Wirklich no oane?
Rudi:	A ganz a schnelle! Ox und hepp!
Wirt:	Wos?
Mich:	Ex und hopp moanda! Da Rudi mocht doch allaweil
	seine lustigen Wortspiele! Gell Rudi?
Rudi:	Owa ehrlich! Du host halt ein Verständnis! Und jetza sog
	i dir oans: Wenn i dann hoamkimm und i leg mi zu mei-
	ner Waltraud ins Bett eine, dann hob i unter Garantie ein
	mords ein Gfühl und sie hod wieder koans! Aso schauts
	nämlich aus! Und sie daad sogn, i hob koa Gfühl! Direkt
	lächerlich!
Mich:	Des Gfühl hob i aa!
Rudi:	Bei meiner Waltraud?
Mich:	Naa, doch ned bei deiner Waltraud!
Rudi:	Sie is owa ned unsauber!
Mich:	Des ned, owa mir samma doch Freind und do gibts sowos
	ned, dassma beim Andern sein Wei a Gfühl hod!
Rudi:	Genau! I hob bei deiner Liese aa koans! Owa scho glei
	überhaupt koans!

Mich:	Ja eben! Do bin i dir aa dankbar.
Wirt:	So, Rudi, do is dei Sturzholwe! De spendier i! De andern acht host scho zohlt!
Rudi:	Dankschön, Krumpler! Du bist einfach aa ein Freind! Wia hoaßt du eigentlich mit Vornam'? Mir kanntma doch „du" sogn!
Wirt:	Mensch Rudi! Mir samma doch scho 20 Johr per du! Und dass i mit Vornam' Gottfried hoaß, des woaßt doch aa!
Rudi:	Gottfried? Ah ja, genau! Naa, Gottfried is nix. Do isma „Krumpler" liawa!
Mich:	Do host du recht, Rudi! Des hod an ganz an andern Klang! Wenn i sog „i geh heit zum Krumpler", des hod wos Zünftigs! Owa wenn i sogn daad „i geh heit zum Gottfried", do moanst ja, du gehst in d'Kircha!
Rudi:	Genau! So Manna, prost!
Mich:	Prost, Rudi!
Rudi:	*Nachdem er ex ausgetrunken hat:* I packs! Schauma amol gfühlsmassig nach dahoam! Hähä! Also, pfüat eich!
Wirt:	Servus Rudi!
Mich:	Servus Rudi! Mochs guat!
Rudi:	Ei du mei werri best! Woaßt scho, wia der Diener, der wos allaweil am Silvester am Fernseh kimmt! Hähä! Pfüat eich! *Geht.*
Mich:	Also, servus nacha, olter Freind!
Wirt:	*Nachdem Rudi draußen ist:* A Hund isa scho, da Rudi!
Mich:	A bsuffana Depp isa!
Wirt:	Do host aa wieder recht!

Der erste Urlaubstag sollte im Idealfall dazu dienen, allmählich in Ferienstimmung zu kommen. Tut er aber nicht! Denn die Anreise zum Urlaubsort ist mit mannigfaltigen nervenaufreibenden Schwierigkeiten gespickt. Während es für die beifahrenden Familienmitglieder noch einigermaßen im Rahmen bleibt, ist es für den Fahrer (in aller Regel ist dies das männliche sogenannte Familienoberhaupt) eher schwierig, den Spagat zwischen Teilnahme am dichten Straßenverkehr und Teilnahme an der im Fahrzeug stattfindenden Kommunikation zu schaffen. Aber es hilft nichts – das Ferienhaus ist gebucht und es geht

Ab in den Norden

Sohn:	Samma scho in Österreich?
Vater:	Naa! Samma ned!
Sohn:	Und wann samma in Österreich?
Vater:	Überhaupt ned, weilma noch Dänemark fohrn!
Sohn:	Kemma do ned noch Österreich?
Vater:	Ja sog amol! Wos host denn du in Erdkunde?
Sohn:	Zwoa minus!
Vater:	Ja mi host ghaut! Do möcht i den ned segn, der an Fünfer hod! Der moant dann wahrscheinlich, Moskau is hinter Rosenheim!
Sohn:	Derweil is vor Rosenheim!
Vater:	Oh Herr, lass es Abend werden!
Sohn:	Ha?
Vater:	Vergiss'! Ihr mit eiern blädn Computer habts überhaupt koa Allgemeinbildung nimmer! I wia aso a Bua war, i hob oft stundenlang im Atlas blattlt! I wollt nämlich wissen, wo wos is! Und drum kenn i mi heit aus in da Welt! Aso a bläde Frage gang mir gor ned über d'Lippen! „Samma scho in Österreich?" Wahnsinn! Und des vo mein Sohn!
Tochter:	Owa letzts Johr samma durch Österreich gfohrn! Des woaß i ganz gwies! Und in Basel warma beim Mc Donalds!
Vater:	Des is d'Schweiz, du Minihirn! Basel is d'Schweiz! Armes Deutschland!

Tochter:	Ja wos? Is jetza d'Schweiz oder's arme Deutschland?
Vater:	Des is da blanke Wahnsinn mit eich! Null Orientierung! Ihr daads eich in da Dusche no verlaffa! Wahnsinn! Wos sagst do du, Erna? Des is doch a Wahnsinn!
Mutter:	*Erschrocken, schlaftrunken:* Hopperla! Jetza bine direkt eigschlaffa! Samma scho in Österreich?

Die Kinder lachen schadenfroh, weil die Mutter ihrer Meinung nach offensichtlich ähnlich dumm ist wie sie selbst.

Vater:	Jetza fragst du aa no! Ja sog amol, des gibts doch ned! Mir kemma doch ned nach Österreich! Mir fohrma nach Dänemark! Dä-ne-mark! Des is im Nor-den! Und Österreich is im Sü-den! Kapierst du des?
Mutter:	Jaja, is scho klar! Des war doch bloß die Macht der Gewohnheit, weilma de letztn Jahre allaweil nach Italien gfohrn san!
Tochter:	Und worum fohrma heier ned nach Italien? Italien war immer so schee!
Mutter:	Frog dein Papa!
Tochter:	Papa, worum fohrma heier ned nach Italien?
Vater:	Weil de Italiener unmöglich san! De schaun jeden Weiberts noch! Sogar dir, Erna!
Mutter:	*Empört:* Wos soll denn des hoaßn? Bin i vielleicht ned attraktiv oder wos?
Vater:	Naa, i moan ja bloß! De baggern sogar verheiratete Frauen o! Des is doch pervers! I sitz danebn und der Papagalli schaut di o! Pervers is des!
Mutter:	Aha! Wenn a Mo mi oschaut, dann isa also pervers!
Vater:	Schmarrn! Du woaßt genau, wia i des moan! Außerdem is's mir in Italien z'hoaß! Den ganzn Dog am Swimming-Pool umanandaliegn und d'Wampn in d'Sun holtn, des is doch ungsund! Und de ewige Eicremerei! Wennst aaf d'Nacht a Weißbierglasl in d'Händ nimmst, dann folltsda owe, weils'd so glitschige Pratzn host vo dera Sonnencreme! Letzts Johr san mir in oana Wocha vier Glasl owegfolln! Um's Glasl waar ja ned schad gwen, owa de warn voll! Und bei an Bierpreis vo fünf Euro is des a Faktor!

Mutter:	Dann saaf halt ned sovül!
Vater:	I hob ja eh ned viel gsuffa, weil mir's meiste owegfolln is! Des is o des! Naa, heier fohrma aaf Dänemark! Do is a gsunds Klima! Mehr nordisch! Ned so hoaß, owa no ned kolt! Angenehm quasi! Und do gibts a Watt! Do kinnts dann Muscheln sammeln und kloane Fischerln! Ha Flori, wos sagst?
Sohn:	I muaß biesln!
Vater:	Des is typisch! Allaweil wenn i a interessants Thema besprich, dann muaß der biesln! Des is direkt a Sucht! Jetza konnst ned biesln! Mir stenga im Stau, des segst doch! Hättst vorm Stau bieslt!
Sohn:	Do hob i no ned gmiaßt!
Mutter:	Und außerdem: Wia soll denn des Kind wissen, dass a Stau kimmt? Mit neun Johrn!
Vater:	Mindestens fünfmol is am Radio kemma! Fünfmol mindestens! Owa der Herr Sohn hört ja nix, weil er dauernd de Stopsel in de Ohrn drin hod! Und do hört er dann den ganzn Dog des Gschroa vo dera Pension Hongkong!
Tochter:	De hoaßn ned „Pension Hongkong", sondern „Tokio Hotel"! Also Papa!
Vater:	Des is mir aa wurscht! Aaf jeden Fall is wos chinesischs! Wenn er ned dauernd den Stopsel in de Ohrn hätt, dann hätt er gwisst, dass a Stau kimmt! Und dann hätt er bestimmt prophylaktisch bieslt!
Tochter:	Wia hätt er bieslt?
Vater:	Vorsichtshalber vorher! Do sagtma prophylaktisch! Owa Fremdwörter kennts ja ihr aa nimmer! Außer „cool" und „geil"!
Sohn:	Owa i muaß jetza!
Vater:	Frog im Tokio Hotel, vielleicht hamm de a Klo!
Mutter:	Also Karl-Heinz!
Tochter:	Papa! Du bist so gemein!
Vater:	Weils wohr is! I konn jetza aa nix macha! Stau is Stau! Wennse da Verkehr staut, dann konnse da Urin aa staun!
Mutter:	Also wenn i ganz ehrlich bin: I miaßert fei aa!
Vater:	Ja kruzenäsn! Wos habts denn ihr wieder trunka? Des gibts doch ned! Jetza samma guat zwoa Stund unterwegs!

Sohn:	I hob a Apfelschorle trunka und zwoa Cola-Light!
Vater:	Ja sog amol, spinnst du? Drei Getränke in zwoa Stund! Do wundert mi nix mehr! Do miaßert i aa biesln! Wia konnma denn so bläd sei und dermaßen blindlings einesaffa? Grod recht! Zreissn sollsde!
Sohn:	*Weinerlich:* Owa wenn mi holt dürscht hod!
Mutter:	Ja eben! Wenn eam holt dürscht hod! Du trinkst aa drei Holbe Bier im Wirtshaus oder vier!
Vater:	Des is doch ganz wos anders! Im Wirtshaus sitz i drei Meter Luftlinie zum Herrenklo! Owa da Flori sitzt am Rücksitz vo mein Auto! Des is ganz wos anders!
Tochter:	I muaß ned biesln, Papa! Weil i hob nix trunka!
Vater:	Du host holt a Hirn, im Gegensatz zu dein Bruada!

Die Tochter streckt dem Sohn schadenfroh die Zunge heraus.

Sohn:	Rindviech!
Vater:	Dassada ned glei oane schmier! Wia redst denn du mit mir?
Sohn:	I hob ja d'Nicole gmoant!
Vater:	Aso!
Mutter:	Flori, sowos sagt man nicht!
Sohn:	Owa de hodma d'Zung aussagstreckt!
Tochter:	Gar ned wahr!
Sohn:	Scho wahr! Du kimmst in d'Höll, weil lügen derfma ned! Du kimmst in d'Höll und dann muaßt du den ganzn Dog nockert aaf an Reißnogl sitzn und Spinat essn! Und wennst dein Teller laar host, kimmt a Deifl und haut wieder a Kilo Spinat eine!
Tochter:	Depp!
Mutter:	Jetza hörst owa aaf, Nicole!

Nun streckt der Sohn seine Zunge in Richtung Tochter heraus.

| Vater: | Jetza hörts amol des Streitn aaf! Bei da nächstn Ausfahrt is a Raststätte, do fohr i aussa. Owa dann wird bieslt, des sog i eich! I will dann de naxtn fünf Stund nix mehr hörn, dass des klar is! |

Sohn:	Gibts do aa wos zum trinka bei dera Raststätte?
Vater:	Untersteh di! Du trinkst nix mehr, und wenn's kostenlos is! Weil du host scheinbar a Blasn wia a Kanarienvogl! Strafe muß sein!
Sohn:	Owa für mei Blasn konn i doch nix dafür!
Vater:	I aa ned! Ende der Diskussion!
Mutter:	Also Karl-Heinz! Sei halt ned so gemein! Da Flori is doch dei Sohn!
Sohn:	Genau, Papa! I bin doch dei Sohn!
Vater:	Des mog scho sei. Owa d'Blasn host ned vo mir, des steht fest! A weng a Disziplin und dann gehts scho! Beiß d'Zähn zamm!
Sohn:	Lang holtes nimmer aus! Vielleicht no fünf Minutn!
Vater:	Und dann?
Sohn:	Dann vielleicht no drei Minutn!
Vater:	Und dann bieslst in d'Hosn oder wos?
Sohn:	Wahrscheinlich!
Vater:	Untersteh di!
Tochter:	Wennst in d'Hosn bieslst, dann erzähles noch de Ferien in da Schul!
Sohn:	Dann dua i dir in dei Schultaschn an Rollmops eine! Dann stinkts bis zum Abitur!
Tochter:	Dann bring i di um! Und dann kriag i dei Playstation, weilstas du nimmer brauchst!
Sohn:	Gar ned wahr! Weil dann kimmst ins Gfängnis! Dann loch i!
Tochter:	Owa du bist ja dann tot!
Sohn:	Trotzdem! Als Zombie konnma aa locha! Ällabätsch!
Mutter:	Jetza hörts amol aaf, des is ja grausam! Wia konnma denn zwischen Geschwistern dermaßen bösartig sei?! Nicole, sog amol! Spinnst du? Du konnst doch dein Bruada ned umbringa!
Tochter:	Normal ned, owa wenn er mir an Rollmops in d'Schultaschn eineduat, dann scho!
Mutter:	Dann aa ned! A Rollmops is doch koa Mordmotiv! Des kimmt bloß davo, weil ihr am Fernseh allaweil so brutale Sachen oschauts! D'Simpsons und so! Do kemmts dann aaf solche Gedanken! Gell, Karl-Heinz!

Vater:	Ah … wos?
Tochter:	Du hörst da Mama nie zua, Papa!
Mutter:	Do hörstas! Sogor d'Kinder kriagn des scho mit!
Vater:	I muaßme am Verkehr konzentriern! Wenn i oan draaf-fohr, dann hamma'n Dreg im Schachterl! Dann kemma nie nach Dänemark!
Tochter:	I will ja gor ned nach Dänemark!
Vater:	Des is mir wurscht! I kehr nimmer um! *Zur Mutter:* Wos isen nacha? Wos wolltstma denn sogn?
Mutter:	D'Nicole will'n Flori umbringa! Wega an Rollmops!
Vater:	Spinnst du, Nicole? Wega an Rollmops? Lass eam doch den Rollmops! Nacha kaffma halt dir aa oan!
Tochter:	Also Papa! I will doch koan Rollmops! Da Flori will mir oan in d'Schultaschn einedua, dasse stink bis zum Abitur!
Vater:	Dann bringna um! Owa lassna vorher no biesln!
Mutter:	Also Karl-Heinz!
Tochter:	*Zum Bruder:* Hihi! Da Papa is einverstanden!
Sohn:	Der is ned einverstanden! Der hod bloß an Witz gmocht! Gell Papa, des war a Witz? D'Nicole derf mi ned um-bringa, gell?
Vater:	Naa, derfs ned! Wenn, dann i, weilst mi aso nervst mit deiner Bieslerei! Owa in 500 Meter kimmt a Raststätte, do konnst geh! Beim dem Stau wirds allerdings no fünf Mi-nutn dauern.
Sohn:	Owa i schwitz scho! Lang gehts nimmer!
Tochter:	Pfui Deifl! Der schwitzt scho!
Sohn:	Bi bloß du staad! Sunst soge wos!
Tochter:	Na und? Des is doch mir wurschtegal!
Sohn:	Glei soges!
Tochter:	Sogs doch!
Sohn:	Papa! Mama! Jetza soge eich wos!
Vater:	Wos willst denn scho wieder?
Sohn:	D'Nicole hod fei an Freind!
Vater:	*Verreißt vor Schreck das Steuer.* Wooos? Mit zwölf Johrn?
Mutter:	Nicole!
Tochter:	Des stimmt doch gor ned! I hob koan Freind!
Sohn:	Stimmt scho! I hob eich gseng!
Mutter:	Nicole, ganz ehrlich: Host du an Freind oder ned?

Tochter:	*Weinerlich:* Naa, i hob koan!
Sohn:	Doch! I hobde gseng am Pausenhof! Do hod da Meixer Michi dei Händ gholtn! Ganz fest!
Vater:	Wer? Da wamperte Meixerbua? Des derf doch ned wahr sei! Nicole, den konnst vergessn! Aso a Gschwollschädl kimmt mir ned ins Haus!
Tochter:	*Weinerlich-zornig:* Des stimmt doch ned! Da Meixer Michi hod ned mei Händ gholtn! Der hodma bloß mein Müsliriegel aus da Händ grissn, weil der hod immer Hunger!
Mutter:	Stimmt des, Flori?
Sohn:	Also Hunger hod der scho immer! Neilich hod er vom Hausmeister sein Aquarium zwoa Goldfisch aussa und hods in sei Nutellasemmel eine und lebendig gessn! Ohne beißn, einfach owegschluckt! Der is echt cool!
Mutter:	Ja um Gottes Willen! Lebendige Goldfisch! Wosma do kriagn konn!
Sohn:	Einiges! Er hod sechs Euro kriagt, weil zwölf Schüler hamm zuagschaut und jeder hod a Fuchzgerl Eintritt zohln miaßn!
Vater:	Also geschäftstüchtig isa! Aus dem wird amol wos, wennsna ned vorher zreisst!
Mutter:	Um Himmels Willen! Wos is denn des für a Jugend!
Tochter:	Owa er is ned mei Freind!
Mutter:	I glaubdas scho, Nicole! Flori, entschuldige dich bei deiner Schwester!
Sohn:	*Extrem leise und undeutlich:* Tschulige!
Vater:	Entschuldigen sollst di und ned in dein Bart einemurmeln!
Sohn:	Owa i muaß biesln!
Vater:	Des is mir wurscht!
Sohn:	Entschuldigung Nicole!
Tochter:	*Triumphierend:* Okay!
Vater:	I waar fast dem Vordermann draafgfohrn, aso bine daschrocka! An Freind mit zwölf! Und dann no so oan! Unvorstellbar! I hob mein ersten Kuss erst mit 19 kriagt!
Sohn:	Hod di ebba koane gmigt? Warst du als Bua aa scho so hässlich?
Vater:	Dass is dir ned glei oane schmier!

Mutter:	Also Flori! Da Papa is doch ned hässlich!
Tochter:	Owa direkt schee isa aa ned! Da Jonny Depp is scheener!
Vater:	Des oane sog i dir: Liawa bine ned so attraktiv wia der und hoaß Obermeier! Weil der konn ausschaun, wia er will, der is und bleibt a Depp!
Mutter:	Sehr witzig! So jetza samma scho bei da Raststätte! Flori, kimm, jetza gemma zum biesln mitanand!
Vater:	Jetza warts halt z'erst, bisma stenga! Sodala, do is a Parkplotz frei! Do schauts hi: Lauter Ossis! Des san überall!
Mutter:	Wia Ossis?
Vater:	Schauda doch de Autokennzeichen o! Alles Ossis!
Mutter:	Also Karl-Heinz! Mir samma doch momentan in Thüringen!
Vater:	Segstas! Sogar do sans! De san überall! Und dann jammerns, weils koa Geld ned hamm! I zohl an Soli und de fohrn in Thüringen spaziern! Aso is recht!
Mutter:	Omei! Kimm Flori, gemma! Muaßt du ned, Karl-Heinz?
Vater:	Naa, i muaß ned! Weil im Gegensatz zu eich zwoa hab i Blasn! Nicole, mir zwoa kanntma uns derweil a Eis holn!
Tochter:	Naa, des hod sovül Kalorien! Do wire bloß dick!
Sohn:	Nacha daadst besser zum Meixer Michi passn!
Tochter:	Hau bloß ab!

Mutter und Sohn gehen in Richtung Toilette.

Tochter:	Papa, du derfst ned immer solcherne Vorurteile hom! Unser Sozialkundelehrer sagt, Ossis san aa Menschen! Und er sagt, im Westen gibts aa Deppen, eventuell sogar mehra wia im Osten!
Vater:	Do hoda allerdings ned Unrecht! Do schau ausse, do host'n Beweis! A ganz Auto voll junge Leit, a Freisinger Kennzeichen und an Aufkleber vo Arminia Bielefeld am Kofferraum obn! Normal san de ned! Do muaßt an schwaarn sozialen Defekt hom, wennst in Freising wohnst und a Fan vo Arminia Bielefeld bist! An ganz an schwaarn! Do waars ja no gscheida, du bist a Fan vo Leverkusen, weil de san zwar aa Preißn, owa de hoaßn wenigstens Bayern Leverkusen!

Tochter:	Do kenn i mi ned aus, beim Fußball. Papa gell, nächts Johr fohrma wieder aaf Italien?
Vater:	Vo mir aus! Owa jetza fohrma z'erst amol aaf Dänemark und genießma zehn Dog am Meer! Erstens is do a ganz a gsunde Luft und zwoatns wars saudeier!
Tochter:	Du Papa, worum isen Dänemark so deier?
Vater:	Weils ganz obn is! Obn is allaweil deierner wia untn!
Tochter:	Ehrlich?
Vater:	No freilich! Schau her, aaf da Zugspitz kost a Schnitzel 14 Euro, weil's ganz obn is. Untn in Garmischn kosts bloß 13 Euro 80 oder so. Obn is alles deierner. Hoorschneidn kost aa mehra wia Zehanägl schneidn, weil's weida obn is!
Tochter:	Des hob i fei ned gwisst!
Vater:	Wennst wos ned woaßt, brauchst mi bloß frogn! Für wos hodma denn an Voda!

Die Mutter kommt eilig zurück.

Vater:	Des is owa flott ganga!
Mutter:	Geh zua Karl-Heinz, gibma'n Geldbeidl! Des Klo kost 50 Cent Eintritt!
Vater:	Wos? Is des a Kino oder Klo? 50 Cent! A Sauerei is des! Moment! *Kramt in seiner Jackentasche.* Glei! Moment! Ja zefix, wo isen der Geldbeidl? I hobna doch gestern aaf d'Nacht extra no in d'Jackntaschn gsteckt, dassen ned vergiß! Des gibts doch ned! *Schaut auf seine Jackenärmel.* Ja sog amol, wos hob denn i für a Jackn an?
Mutter:	Dei Übergangsjackn! I hobdas doch heit in da Friah gebn!
Vater:	Ja worum gibst du mir denn mei Übergangsjackn? Solang wosma mir in Urlaub fohrn, hob i immer mei Summerjackn an! Scho allaweil!
Mutter:	Ja, bisher samma aa allaweil noch Italien gfohrn, do is's ja hoaß! Owa heier fohrma aaf Dänemark! Auf deinen Wunsch wohlgemerkt!
Vater:	Ja, Dänemark hob i mir scho gwünscht, owa doch koa Übergangsjackn! Wo isen nacha mei Summajackn?

Mutter:	De hängt dahoam!
Vater:	Ganz guat! Ganz, ganz guat! Ausgezeichnet! Jetza hostas gschafft! Mir hamm keinen Cent dabei!

Der Sohn kommt mit hochrotem Kopf.

Sohn:	Mama, wo bleibst denn? I muaß biesln!
Vater:	Jetza pass amol aaf, Florian: Mir samma 250 Kilometer fern der Heimat, mir hamm keinen Knopf Geld dabei, mir kemma mit dem Benzin grod no hoam! Des san Probleme und ned dei Bieslerei! Schiff neba a Auto hi und da Kaas is gessn! Und du verdrucks no a weng, Erna!
Mutter:	Naa, so lang halt i des nimmer aus!
Sohn:	Und i mog ned neba a Auto, weil des is mir peinlich!
Mutter:	I frog einfach ebban, ob er mir a Fuchzgerl gibt! Do schau hi, do san Bayern! De san aus Freising! De frog i glei! Mir Bayern miaßma zammholtn!
Vater:	*Beschwörend-flüsternd:* Ned! De san ned normal! Schau dir den Aufkleber o! Bielefeld! Mit denen stimmt ebbs ned!
Mutter:	A geh! *Geht zu den jungen Leuten im Freisinger Auto.* Kanntn Sie mir bittschön a Fuchzgerl gem für d'Toilette?
Stimme:	*Aus dem Auto und männlich:* Ey Aldde! Bini Tscharitas ode wie? Ey lass mi in die Ruhe, du Frau du! I checks ned, ey! Hautmi an wega 50 abgefuckte Cent, de Aldde! Ey hassu wos graucht ode was? Geh mir ausde Sonnlicht, abe zügisch!
Vater:	I hobs glei gsagt: De san ned normal! Dass de allerdings so narrisch san, hob i aa ned gwisst! Wo gehst denn jetza hi? Doch ned zu de Ossis? Do wirst schaun! De hassen uns! De gem dir gar nix!
Mutter:	*Zu einem Autofahrer mit Leipziger Kennzeichen:* Sie, entschuldigens bittschön; hätten Sie 50 Cent für mi? Mei Sohn und i müsserten dringend aafs Klo und des kost wos!
Fahrer:	*In schönstem und breitestem Sächsisch:* Nü freilsch hobich fuchzsch Zent für Sie! Sie kömm aus Bayern, na? Mir woorn leztsch Joor in Bayern! Woor herrlisch. Oba heier bleima daheeme! Daheeme is daheeme! *Gibt ihr 50 Cent.*

Mutter:	Mei, dankschön! Des is schee vo eahna! Schauns amol vorbei, wenn's wieder in Bayern san!
Vater:	*Von weitem:* Nono, übertreibs ned glei! Wega an Fuchzgerl!
Mutter:	Also dann, wiederschaun!
Fahrer:	Wiedasään! 'n schään Urlaub noch!
Mutter:	*Zurück beim Vater:* Und wos sagst jetza?
Vater:	Ausnahmen bestätigen die Regel! Do host jetza einen Riesendusel ghabt, dass du akkrat den dawischt host! Der hod wahrscheinlich bayerische Vorfahren!
Tochter:	Also Papa!
Vater:	Jetza schauts, dass bieslt wird! Und dann fohrma hoam und holn mein Geldbeidl. Und naxts Johr fohrma wieder aaf Italien! Scho wega da Jackn!

Die Ausnahme

Sepp:	Endlich hamma wieder a scheens Weda!
Kare:	Zeit is worn! Vier Wocha lang a Tief, do vergeht dir alles! Do wirdma ganz Ding, ganz negativ wirdma do.
Sepp:	Genau! Owa jetza hamma a Hoch! A Hoch is positiv! Hoch is allaweil positiv: Hochkonjunktur, Hochsaison, Hochgefühl, Hochglanz …
Kare:	Hochzeit!
Sepp:	Jamei, Ausnahmen bestätigen die Regel!

Stalking

Kare: Hostas glesn? Jetza gibts a Gsetz gega Stalker!

Sepp: Gega wos?

Kare: Gega Stalker! „Stoka" sagtma do aaf deitsch. Des san Leit, de wos andere dauernd belästigen!

Sepp: Und gega de hamms a Gsetz gmocht?

Kare: Ja! Do wenn di dann oana dauernd belästigt, dann konnst vor Gericht geh und dann sagt da Richter beispielsweise, dass er nimmer näher als 500 Meter zu dir oder zu dein Haus herkemma derf, sunst wird er sofort eigspirrt!

Sepp: Hä, des is guat! Do woaß i glei oan, der wos mi scho seit Jahren dauernd belästigt. A typischer Stalker! Z'erst leit er an da Tür und wenn i ned aafmoch, dann schleicht er dauernd ums Haus ume und schaut, ob i dahoam bin. Dem werdes zoagn!

Kare: Ja, wer is denn des, der wos di dauernd belästigt?

Sepp: Da Grichtsvollzieher!

Ungesunde Jugend

Kare: Mensch, de heitige Jugend hod überhaupts koa Gesundheitsbewusstsein! Woaßt scho, dassma amol aaf wos verzichtn daad, da Gesundheit zuliebe. Des kennan de junga Leit ned.

Sepp: Wia kimmst jetza aaf des?

Kare: I war gestern beim Volksfest. Weil i dahoam bloß drei Fleischsalatsemmeln gessn hob, hob i mir im Bierzelt umara achte an Schweinshaxn mit Kraut gholt. Stenga do fünf so schwindsüchtige Bürscherln und rauchand oane. Also ned oane, sondern jeder oane, also praktisch hamms fünfe graucht.

Sepp: Zu fünft, jeder oane!

Kare: Genau! Insgesamt fünfe. Des is doch ned gsund! Für an 15-jährigen! Do wo alles no ned aso entwickelt is. De hamm ja no koa Lung, sondern bloß a Lüngerl! Des reagiert aaf a Zigrettn ganz anders wia a ausgwachsne Lung!

Sepp: Owa gwies!

Kare:	So, jetza pass aaf! Um neine hol i mir a holberts Gockerl, stengan de allaweil no durt und rauchand scho wieder oane, jeder!
Sepp:	Wahnsinn! Und des ohne komplette Lung!
Kare:	Eben! I wollt nix sogn, owa denkt hob i mir: „Ihr werds no schaun!"
Sepp:	Do host du recht!
Kare:	Es geht no weida! Kurz nach holbe zehne hob i mir als Dessert a Schaschlik mit Pommes gholt. Man sagt ja allaweil: „Schaschlik schließt den Magen!"
Sepp:	Käse schließt den Magen!
Kare:	Ja scho, owa Schaschlik aa! Aaf jeden Fall, wia i an da Essensausgabe steh, stengan de fünf Minderjährigen no do und rauchand scho wieder oane! I hobma ehrlich denkt: „Ja fix, jetza glaubes owa!" Do fragst di fei scho!
Sepp:	Kein Hirn, de heitige Jugend!
Kare:	Und koa Lung!
Sepp:	Owa raucha!
Kare:	Und jetza kimmt die Krönung! Und da Beweis, dass de heitige Jugend ned bloß koa Gesundheitsbewusstsein ned hod, sondern aa koan Anstand ned!
Sepp:	Do bin i neigierig!
Kare:	Also, pass aaf: Noch dem Schaschlik is mir spontan eigfolln, dass i mir fürn Hoamweg no zwoa Lachssemmeln und a Riesenbrezn holn kannt, als Betthupferl quasi. Gesagt, getan, i geh zur Essensausgabe, stengan de Doldes allaweil no durt und rauchand scho wieder oane, also wieder jeder oane, fünfe insgesamt! „Kare", hob i mir denkt, „Kare, jetza sagst wos! Weil du host als vernünftiger Mensch eine Verantwortung gegenüber der Jugend!"
Sepp:	Host einfach nimmer zuaschaun kinna bei dem Elend?
Kare:	Naa, nimmer! Dann hob i gsagt: „Also Burschen, für eier Alter rauchts ihr fei ziemlich viel!" Dann sagt oana vo de Hunzkrippln, de greislichen: „Und für dei Alter frisst du ziemlich viel!"
Sepp:	Unverschämtheit!
Kare:	I hobma denkt, i hör ned recht!
Sepp:	Und, wia host reagiert?
Kare:	I hob mir vor lauter Zorn no 300 Gramm Emmentaler gholt!

Astro-Logisch

Kare: Sepp, wos sagst jetza du persönlich zum Thema Horoskop?

Sepp: Krampf hoch drei!

Kare: Normal halt i aa nix davo, weils normal wirklich a Krampf is.

Sepp: Und wos für oana!

Kare: Owa letzte Wocha hods bei mir haargenau gstimmt! Direkt unheimlich!

Sepp: Is ned wahr!

Kare: Wennada's sog! I les in da Friah d'Zeitung. Denk i mir, schaust amol gaudehalber bei Widder, wos de Sterne sogn. Steht do: „Heute wird eine feste Bindung zu schmerzhaften Veränderungen führen!"

Sepp: Aso a Schmarrn! Du bist doch scho 23 Johr mit da Waltraud voheirat. Wos sollse denn do no verändern? Do is doch alls gregelt!

Kare: Des hob i mir aa denkt. Owa jetza pass aaf, weil jetza wirds unheimlich! I bin noch dem Frühstück, do wo i des Horoskop glesen hob, mit meine noglneia Schi zum Schifohrn gfohrn. Bei da erstn Abfahrt hauts mit hi und da rechte Schi geht ned owa, weil de Bindung zu fest eigstellt war. Mir is des rechte Knia dodal aafgschwolln und weh do hods aa wia d'Sau! Wahnsinn!

Sepp: Des war dann de schmerzhafte Veränderung!

Kare: Genau! Und de feste Bindung war schuld! Des Horoskop hod des genau vorausgsagt, wörtlich! Man muaß des praktisch wörtlich nehma, dann stimmts!

Sepp: Oläck, do fallt mir grod wos ei! I muaß dringend hoam!

Kare: Warum des?

Sepp: In mein Horoskop is heit gstandn: „In Ihrem Liebesleben ist heute der Wurm drin!" Und mei Nachbar hoaßt Wurm!

Prüfungsangst

Kare:	Das jetza des nie aafhört!
Sepp:	Wos?
Kare:	De Prüfungsangst! I hob als Schulbua dermaßen Angst ghabt vor Prüfungen! Grod in Mathe, owa aa in Deitsch! I hob direkt Herzflattern ghabt, bsonders in Englisch!
Sepp:	Omei, des is ned einfach!
Kare:	Und dann später: Angst vor da Gsellnprüfung, dann Angst vor da Führerscheinprüfung, dann Angst vor da Meisterprüfung, es hört einfach ned aaf! Allaweil de Prüfungsangst!
Sepp:	Ja guat, owa des is doch scho lang vorbei! Jetza bist a Mo mit 48 Johrn, jetza brauchst doch koa Prüfungsangst mehr hobn!
Kare:	Von wegen! Momentan hob i de schlimmste Prüfungsangst, de i je ghabt hob! I konn scho seit Tagen nimmer schloffa! In zwoa Wochen is de Prüfung!
Sepp:	Wos host denn nacha für a Prüfung?
Kare:	Steuerprüfung!

Gedächtniswunder

Metzger:	Und, wos derfs sei?
Kunde A:	Moment, i hob an Zettl dabei! I konn mir einfach nix mirka. I muaß alles aafschreim. Also, i kriagert 150 Gramm Paprikasalami, a Scheibn rotn Pressog, so umara 200 Gramm, dann no a Pfund Hals ohne Knochen, a kloans Becherl Fleischsalat und a Gulaschfix! Des waar dann alles! Halt: Und drei Brezn!
Metzger:	Alles klar!
Kunde A:	*Zu Kunde B:* Es is wirklich a Kreiz! Des san bloß sechs Sachen, owa i konnmas ned mirka! Ohne Zettl waar i verlorn. I daad d'Hälfte vergessn!

Kunde B:	Also, do hob i koa Problem. I brauch 20 Sachen, owa de hob i alle im Kopf! Des schaff i locker ohne Zettl!
Kunde A:	20 Sachen? Des gibt's doch ned! Und de kinnan eahna Sie einfach aso mirka?
Kunde B:	Null Problem!
Kunde A:	Des glaubns doch selber ned! Songses amol, de 20 Sachen! Owa auswendig!
Kunde B :	10 Poor Wiener und 10 Kaisersemmeln!

Volksfestfeuerwerk

Gast A:	*Nüchtern:* No Herr Nachbar, alles klar?
Gast B:	*Betrunken:* Soiiiiso!
Gast A:	Wos?
Gast B:	Sssowieso, hicks!
Gast A:	Daans ebba aa a weng a frische Luft schnappa do herausn? In dem Bierzelt is scho gscheit hoaß!
Gast B:	Blies … biels … biesln howe, hicks, miaßn! Des Zeig muaß, hicks, ausse! Do hilft alls nix, hicks! Tschulligung, war a Kopperl! A Schschschischlak, ah Schaschlik, hicks, und a Radi, des lasst ned aus!
Gast A:	Kein Problem!

Das Volksfestfeuerwerk beginnt.

| Gast A: | Wunderbar! Des is alle Johr wieder schee, gell? Prost nacha, Herr Nachbar! |
| Gast B: | *Mit erschüttertem Blick zum Himmel:* Ja mi läckst, hicks! Mit dera elendigen Sau – hicks – ferei hodma überhaupt koa Zeitgefühl nimmer! A guats neis Johr! I muaß sofort hoam, i bin scho seit Juli do! |

Kühlung am letzten Schultag

Vater:	Mensch, is des a Hitz! Zum Hiwerdn! Mi dürscht, des is nimmer feierlich!
Sohn:	Griasde Papa! Endlich Ferien!
Vater:	Des is guat, dass du grod kimmst, Michi! Geh zua, hol mir a scheens kolts Limo ausm Keller! Mir is dermaßen hoaß, i brauch dringend a Abkühlung!
Sohn:	Des Limo kinnma uns sparn. Schau dir amol mei Zeignis o, do laffts dir bestimmt eiskolt den Buckl owe!

Schweißtreibend

Mane:	Jetza war tagelang aso eine Hitz! Wos i gschwitzt hob! Do hod der Wolkenbruch gestern direkt guat do! Des war a angenehme Abkühlung!
Rudi:	Bei mir wars genau umkehrt! I hob in dera Hitz überhaupt ned gschwitzt. Owa gestern, wias aso gschütt hod, do hob i aafamol gscheit gschwitzt!
Mane:	Wia des?
Rudi:	Wias scho a holbe Stund grengt hod, is mir eigfolln, dass i bei mein Cabrio 's Dach offa hob!

Umgang mit verwöhnten Kindern

Es gibt ned viel, über wos i mi so richtig aafregn konn, owa zum Beispiel verzogne Kinder wenn i seg, dann kannt i narrisch werdn!
Wenn d'Eltern de Fratzn den ganzn Dog Puderzucker hintn eineblosn, do werd i ganz aggressiv!
I moan, wennses dahoam mocha, dann is mir des wurscht, weil do kriag i ja nix mit. Owa in meiner Gegenwart brauchts des ned, do find i des unmöglich, dass i do psychisch belästigt werd.
Ned bloß psychisch, aa körperlich! I wenn des seg, dass a Kind dodal verzogn wird, dann stellnse bei mir alle Hoor aaf, sogar de Reste, wos i no am Kopf obn hob.
Ned dass mi jetza jemand falsch versteht – i bin koana vom oltn Schlog, der sagt, es muaß eine Zucht und Ordnung herrschen, naa, so krass bine ned, i bin scho a weng liberal.
Also bei mir dahoam, do derfse a Kind frei entscheiden, obs liawa Garage aafraama mog oder liawa Rasenmahn. Do bin i da Letzte, der wos an Zwang ausübt. I sog dann: „Kind, wennst magst, dann duast Rasenmahn! D'Garage raamst anschließend aaf! Owa z'erst holst mir no a Bier!" Aso laffts bei mir dahoam.

Owa de verzogna Fratzn vo Andere! I kriag do so einen Zorn! Mei Doktor sagt, wennma an Zorn hod, dann derfma den ned einefressn, sunst kriagtma Herzbeschwerden, a Mogngschwür oder sogar Pickel!
„Man muß seinen Zorn äußern!", hoda gsagt zu mir.
Der redse leicht! Zorn äußern! Wia soll i des mocha? I konn doch ned zu an wildfremden Menschen sogn: „Zenalln, verziagns den Hundling ned aso! Der verarscht Sie doch hint und vorn!" Des konn i doch ned sogn! Da waar i ja mit da holbertn Stod und mit 70 Prozent vo meiner Verwandtschaft z'strittn! Mit meiner Frau sowieso, weil de is do aa gefährdet, wos des Verziagn betrifft. Stark gefährdet!

Also offen mein Zorn äußern, des is schwierig! Owa i hob inzwischen feine Methoden entwickelt, wia i mein Zorn ausselassn konn, ohne dass i mit de Angehörigen von an so an Fratzn in soziale Konflikte kimm.
Bloß a Beispiel: Unlängst war i im Supermarkt. Eigentlich hätt i bloß an fettarmen Joghurt und vier Putenschnitzel holn solln. Owa wias

oft is – wennma amol drin is, dann folln eam no a Haffa Sachen ei, des wosma dringend braucht: Gebäckmischung, Geleebananen, a Ring Fleischwurscht, acht Tiefkühlpizzas und no a poor andere Kleinigkeiten. Und bei de ganzn Fressalien kimmt dir natürlich spontan a Klopapier in Sinn, dreilagig und blau, dass zu de Badfliesn passt und zu da Klobrilln!

So – i steh bei de Hygieneartikel zwecks Klopapier, seg i do aso a Muada mit an typischen Fratzn: Circa zehn Johr, männlich und a T-Shirt an, wo „I'm Harald" obnsteht. Und dann no der Blick vo dem! Dodal link!

I hob mir glei denkt: „Des Kind hod an Bäng! Mit dem Buam stimmt wos ned! Der is verzogn, eindeutig! I glaub, der reizt mi glei bis aafs Bluat!"

Kaam denk i mir des, reizt er mi scho, indem dass er zu seiner Muada sagt: „I mog a Eis!" Sei Mama – hochkonzentriert bei de Slipeinlagen – sagt momentan nix.

Dann er wieder: „Maamaaa! I mog a Eis!" In einem Ton, do wo du sofort woaßt: Der gibt koa Ruah, der ziagt des durch! Der sagts glei wieder!

Und tatsächlich – sei Muada gibt eam koa Audienz wega da Entscheidungsfindung in Sachen Slipeinlagen, und er plärrt wie ein abgstochas Keibl: „Hää! Maamaa! I mog a Eis! Bitteee!" Und stampft mit seine Haxn voll am Bodn! Wahnsinn! Mi zreissts glei! So ein Subjekt, so ein lästigs! D'Muada sagt ganz abwesend, ohne dass zu eam hischaut: „Ein Momentchen noch, Paul!"

Genau! Paul! Des aa no! Hoaßt des Gfries Paul! Und hod wahrscheinlich an gwissn Harald sei T-Shirt gstohln! A Krimineller! Wenn er Sven-Mirko oder Jan-Edmund hoaßn daad, dann hätt i nix gsagt, owa Paul! An so an sich scheena Nam durch so ein Kind dermaßen entweihen! Da Apostel Paulus wenn no leben daad, der daadse im Grob umdrahn!

Und dann sagt de unfähige Muada „ein Momentchen noch"! Anstatt dass sie sagt „glei fangst oane, wennst dei Bappn ned holtst"!

I merk ganz genau, dass im langsam an Zorn kriag. I muaß wos unternehma, i derf den Zorn ned einefressn!

Da Paul – anstatt dass er zur Kenntnis nimmt, dass sei Muada momentan koa Zeit hod, schreit: „Owa wenn i a Eis mog!"

Jetza glangts! So nicht, Paul! Wennst du a Eis willst, dann schauma amol! I renn zum Tiefkühlregal, hol a 500-Gramm-Packung Fürst-

Pückler-Eis (Premium Qualität!) und geh zruck in d'Hygieneabteilung. Situation unverändert! D'Muada hod no ned gfundn, wos sie braucht, und da Paul steht hinter ihr und plärrt: „Eis, Eis, Eis!"

„Das kannst du haben!", hob i mir denkt, „des konnst hom!"
I pack eam am Schlaffitl, ziag eam den Krogn vo sein gstohlna T-Shirt zruck und quetsch eam des Fürst-Pückler hintn eine. Auspapiert howes vorher scho, dass er aa geschmacklich wos hod davo! Dann hau i no mit da Händ gscheit draaf, dass se de Masse a weng verteilt und verschwind im Schweinsgalopp in Richtung Kasse.

D'Muada hod von dera Aktion überhaupt nix mitkriagt, weil da Paul war so baff, dass eam momentan d'Luft wegbliebn is. Kälteschock praktisch!

Owa dann! Wia i an da Kasse gstandn bin, hodma einen Schroa ghört, dassma gmoant hod, es geht um Leben und Tod! „Maaamaaaa!"

D'Muada, natürlich dodal ahnungslos, hod gsagt: „Paul, mach nicht so ein Gedöns, du kriegst ja gleich ein Eis!"

Owa der wollt koans mehr! Im Gegenteil, der hod ja scho vo mir oans kriagt! Ein Pfund Premium-Qualität!

I bin dann ganga, nervlich wieder völlig ausgeglichen, weil i mein Zorn ausselassn hob. Mei Doktor waar stolz aaf mi gwen!

Wos ausm Paul und sein Eis und sein T-Shirt wordn is, des woaß i ned. Aaf jeden Fall schreit der im Supermarkt nimmer so schnell „i mog a Eis!" Und umschaun wird er in nächster Zeit aa öfter! Und des is mei Verdienst! Manchmal kimm i mir vor wia aso a Art Super-Nanny!

Also i hoff, dass ned jemand des falsch versteht! I moch des ned aus Spaß, es geht um mei Psyche. Ja guat, a ganz a kloans bisserl Spaß mochts vielleicht scho, owa des is bloß a positiver Nebeneffekt. I mochs grundsätzlich ned bloß zwecks da Gaudi.

Aa des Vorkommnis im Wartezimmer vom Zahnarzt. Des war ned geplant. Owa i konn halt nix dafür, wenn überall verzogne Kinder san! I wollt bloß a Füllung mocha lassn, weil i a Heiß-Kalt-Süß-Sauer-Sensibilität ghabt hob. Und des is aaf Dauer nix, wennst ned schmerzfrei essn und trinka konnst. Okay, wos trinka betrifft – man kanntse aso zammbrenna, dassma de Sensibilität im Zahn nimmer gspürt, owa dafür is dann am naxtn Dog da ganze Schädel sensibel! Und d'Frau aa! Aaf jeden Fall bin i zum Zahnarzt ganga. Im Wartezimmer drei Leit:

A Frau (ca. 95 Kilo) mit Sohn (ca. 8 Johr) und a olter Mo (ca. Austrags-landwirt). Und i. I setz mi hi und les sofort a Zeitschrift, weil i mog ned, wenn mi jemand ored.

I bin grod bei an Artikel über die Artischocken-Super-Schnelldiät, de is gega Übergwicht und Impotenz (oans davo hob i, des andere ned), do sagt der Bua zu seiner Muada: „Mama, und wenn's doch weh tut?" Ohne dass de Mama wos gsagt hod, hob i scho an dem Tonfall vo dera Frage gspürt: Das ist ein verzogenes Kind! De Mischung aus Angst, Vorwurf und Dummheit, de is typisch!

Wos soll des? Mama, und wenn's doch weh tut? Dann duats holt weh! Du bist beim Zahnarzt, ned am Schnellimbiss, du Kaaskopf!

Und wos sagt die Mama? „Ach Ferdinand! Das tut doch ned weh! Und wenn's ein bisschen ziehen tut, dann sagst du es einfach! Der Onkel Zahnarzt ist ein ganz Lieber und hört dann sofort zu bohren auf!"

„Aber wenn er nicht aufhört? Wenn er mich nicht hört, wenn ich was sage?"

„Der hört dich schon! Sag einfach ganz laut ‚aua' oder ‚halt', dann hört der Onkel Zahnarzt auf!"

„Ganz bestimmt?"

„Ganz bestimmt! Du brauchst keine Angst zu haben. Ich bin ja auch dabei!"

„Und wenn wir fertig sind, gehen wir dann in die Eisdiele?"

„Natürlich! Das habe ich dir doch versprochen, Ferdinand! Dann kaufen wir uns einen schönen Eisbecher! Mit Sahne!"

Aso wia de ausschaut, sans öfter in da Eisdiele!

I hob mi scho lang nimmer aaf de Artischockendiät konzentriern kinna. In mir is scho wieder a Zorn aafgstiegn. Konn der Ferdinand ned zum Zahnarzt geh, ohne dass er danoch a Pfund Eis einehaut? Und sei Muada zwoa Pfund?

„Ich hab Angst, Mami!"

„Ach komm, Ferdinand! Du bist doch schon ein großer Junge! Du brauchst keine Angst zu haben! Frag den Onkel da drüben, der hat auch keine Angst!"

Der Onkel, des war i!

„Onkel, hast du Angst?"

Des waar jetza natürlich die Chance gwen, dass i dem Weichei an Schock versetz, owa i hob mir denkt, i riskier liawa koan Affront mit seiner Muada und hob gsagt: „Naa, i hob koa Angst! Des is a ganz a netter Zahnarzt!"

„Siehst du, Ferdinand! Und jetzt, bevor dass wir drankommen, geht die Mama noch schnell auf die Toilette. Und du bleibst schön bei dem Onkel!"

„Ich mag aber nicht alleine sein!", hoda gwinslt, da Ferdinand.

„Aber du bist ja nicht alleine, der nette Onkel ist doch da!"

„Und i bin aa no do!", hod da Austragslandwirt gsagt.

D'Muada is aafs Klo ganga, besser gsagt gwalzt, und i hob überlegt, ob i jetza mein Zorn ausselassn soll, dass mei Psyche entlastet wird.

Da Ferdinand hod meine Überlegungen extrem verkürzt, weil kaam war d'Muada am Abort, hoda zu mir gsagt: „Schau nicht so blöd!" Wos? Wos sagt der Krippl zu mir? I soll ned so bläd schaun? Moooment, Bürscherl! Moooment! Jetza pass aaf! I bin aafgstandn, zu eam ume, hobna bei seine Hoor packt und hob gsagt: „Jetza pass amol guat aaf, Ferdinand! Jetza sog i dir wos! Der Zahnarzt do drin, des is a ganz a brutale Sau! Der bohrt dir dein Zahn aaf, bis da Bohrer vo de Ohrn aussakimmt! Und wehe, du jammerst! Dann haut der dir a Spritzn eine vom Kinn durch'n Unterkiefer und durch d'Zung in Oberkiefer! Aso schauts aus! Also reißde zamm Ferdinand! Und no wos: Wenn du ein Wort vo dem, wos i dir jetza gsagt hob, deiner Muada verzählst, dann schneid i dir d'Ohrn ab! Du waarst ned da erste!"

„Do hod da Onkel recht!", hod da Austragslandwirt gsagt, und i hob gspannt, dass der Mo a Vernunft hod und aaf meiner Seitn is.

Er hods dann glei direkt begründet und hod zu mir gsagt: „I hob zwoa Enkel, des san aa so Jammerlappen, owa i derf nix sogn dahoam, sunst follns glei alle über mi her!"

Sowos wennst hörst, des baut di aaf! Aafbaut hod mi aa da Blick zum Ferdinand: Kaasweiß is er duatgsessn und hod kein Wort mehr gsagt.

Wia sei Muada vom Klo kemma is, hodsna gfragt: „Und hat sich mein Scheißerle gut mit dem Onkel vertragen?"

I hob bloß kurz an mei links Ohrn higlangt, und's Scheißerle hod sofort „ja" gsagt.

„Angst hoda koane mehr", hob i zu seiner Muada gsagt, „weil i hob eam erklärt, dass alls ned so schlimm is! Stimmts oder howe recht, Ferdl?"

„Ja, Onkel!"

Aso moges! Mit a poor markante Hinweise is aus dem Fratzn a recht a handsams Kind wordn!

Dann is d'Sprechstundenhilfe einakemma: „Ferdinand, willst du jetzt bitte kommen?"

Da Ferdinand hod mi ogschaut, i hob an mei links Ohrn higlangt, und da Ferdinand wollte kommen!

A Viertlstund war er beim Zahnarzt drin und keinen Mucks hodma ghört. Bloß'n Bohrer!

Wia's aussekemma san, hod d'Muada gsagt: „So tapfer und so brav war er noch nie! Jetzt gibts aber ein großes Eis!"

„Schau her", hob i mir denkt, „wieder a guats Werk do!"

Dann sans ganga. Da Austragslandwirt hod mi gfragt: „Sie, i hob jetza de ganze Zeit überlegt, wos Sie zu dem Buam gsagt hamm. Is ebba des a Zahnarztpraxis?"

„Scho", howe gsagt.

„Ja, owa i muaß zum Urologen!"

„Der is im zwoatn Stock!"

„Öha, dann bine falsch! Dann muaß i a Heisl weida. Owa lustig wars!", hoda gsagt und is furt.

Und scho war i dran, direkt unvorbereitet.

Da Zahnarzt hod gsagt: „Ach, bloß die Füllung erneuern. Des hamma gleich, da brauchen wir keine Narkose!"

„Naa, Herr Doktor", howe gsagt, „da brauchen wir scho oane! I bin sehr schmerzempfindlich im Kopfbereich!"

„Ja dann", hoda gsagt, „dann spritzen wir ein bisschen was ein, dann spüren Sie gar nichts!"

Bringt de Sprechstundenhilfe eine Spritzn daher, also ein Wahnsinn! De hod ausgschaut, als waars für d'Herzverpflanzung bei an Elefanten! Des is nix für mei Psyche! Wos moch i jetza?

„Oläck, Herr Doktor", howe gsagt, „stimmt eahna Uhr?"

„Ja natürlich", hoda gsagt, „es ist genau 14 Uhr 30!"

„Omei, bin ich ein Depp! I muaß ja dringend mei Tante vom Bahnhof abholn! Wissens ja, wia de oltn Weiber san, dodal orientierungslos! I muaß weg! Zwecks da Füllung kimm i dann a anders Mol!"

Bis er gschaut hod, war i draußn.

Im Wartezimmer is inzwischen scho wieder ebba gsessn – a Muada mit Tochter. Wia i aussakemma bin, hods zur Tochter gsagt: „So Birte, gleich kommen wir dran!"
Und i hobma beim Aussegeh denkt:
„Jetza bist du dran, Birte,
weil i bin für heit firte!"

Fitnessdefizite

Kare:	Mei liawa, des howe unterschatzt! Gewaltig howe des unterschatzt!
Sepp:	Wos host unterschatzt?
Kare:	Des Fitnessstudio!
Sepp:	Des Fitnessstudio? Wos duast denn du im Fitnessstudio? Du sagst doch allaweil, do san bloß de drin, de wos den ganzn Dog nix zum dua hamm. Walking-Weiber und Rentner!
Kare:	Scho. Owa mei Wei hod mir aaf Weihnachten an Schnuppergutschein gschenkt fürs Fitnessstudio!
Sepp:	Ebbs bläders is ihr ned eigfolln?
Kare:	Naa. Aaf jeden Fall bin i ins Fitnessstudio eineganga, dass a Ruah is.
Sepp:	Ins Fitnessstudio?
Kare:	Ja frale ins Fitnessstudio! Wennma an Schnuppergutschein fürs Fitnessstudio hod, sollma dann vielleicht in Schlachthof geh?
Sepp:	Naa, is scho klar! Und? Wia wars?
Kare:	Noja, aaf jeden Fall san do a Haffa Geräte drin. I bin glei aaf a Laufband affe und bin a weng aso gloffa.
Sepp:	Und?
Kare:	Human! Wenigstens hob i mir des denkt. Owa von wegen! I hob des dodal unterschatzt! Drei, vier Minuten lang wars in Ordnung, owa dann! I hobma denkt, mir hauts'n Vogl aussa!
Sepp:	A geh! Wos war nacha nach drei, vier Minuten?
Kare:	Do hammses eigschalt!

Noch verwendbar

Sie: Alfons, bloß dassdas woaßt: Am Samstag miaßma unbedingt zum Eikaffa fohrn!

Er: Fohr du!

Sie: Naa, du kimmst mit! Es geht ned um mi, sondern um di! Du brauchst unbedingt neie Wintersachen!

Er: I? No geh! Scho wieder? Is doch eh alles fast nei!

Sie: Wos? Fast nei? Dasse ned lach! Jetza derfst owa aafhörn! Deine Schuah host seit 3 Johrn! Dei Hosn host seit 5 Johrn! Dein Mantel host seit 10 Johrn! Do wirds Zeit, dass du dir wos Neis bsorgst!

Er: Di hob i scho seit 20 Johrn!

Sie: Also wennes genau betracht: Sooo schlecht schaut dei Gwanda doch no ned aus!

Morgenstund

Kare: Glaubst Sepp, es is a Kreiz mit'n Kreiz! In da Friah um sechse, wenn i aafsteh', hob i scho Kreizweh!

Sepp: Des Problem hob i aa ghabt! Brutale Schmerzen! Und des in da Friah um sechse! Do vergeht dir alles! Owa dann hod mir a guada Freind wos verratn, des hod sofort gholfa.

Kare: Wos nacha?

Sepp: Um neine erst aafsteh'!

Unheimliche Schlossführung

Vater: Sie, Herr Führer! Mei Sohn hätt' do amol a Frage!

Führer: Ja, bittschön!

Vater: Jetza frog, Gottlieb!

Kind: Gibts in dem Schloss aa Gespenster?

Führer: Des konn i mir ned vorstelln! I moch jetza de Schlossführungen seit 370 Johrn, und i hob no koans gseng!

Vater: Segstas Gottlieb, i hobdas ja glei gsagt!

Trübsinn

Er: Also Waltraud, des trübe Weda im November, des schlogtse direkt aaf mei Psyche! Do schau ausse – alles grau in grau! Nix konnma gscheit erkenna, alles verschwumma, wia durch an Schleier! I glaub, i brauch an Spontanurlaub in Mallorca. Do herrscht klare Sicht, des daad mei Psyche reinigen!

Sie: Dua liawa dei Brilln reinigen, des kimmt billiger!

Bücherfreund

Opa: No Nils, wos magst denn heier aaf Weihnachten?

Nils: Heier brauchst mir nix kaffa, Opa!

Opa: No no Nils! Gar nix? An kloan Wunsch wirst doch hom, oder? I schenk dir gern wos, du bist doch mei oanziger Enkel!

Nils: Ja, oan Wunsch hätt' i scho. Owa trotzdem brauchstma nix kaffa. I daad mir bloß gern a Buch vo dir ausleiha.

Opa: A Buch? No frale leih i dir a Buch! A Buch hod no nie gschad'! Wosen nacha für oans?

Nils: Dei Sparbuch!

Irrtum

Sie: Du Hans! Du derfst ned allaweil so streng zu unserm Buam sei!

Er: A gsunde Härte hod no koan gschad'!

Sie: Ja scho, owa mit zwoa Johrn!

Er: Je früher, desto besser!

Sie: Owa trotzdem! De ewigen Verbote, de bringan des Kind ganz durchananda!

Er: Wia kimmst denn aaf des?

Sie: Heit in da Friah war oana vom Paketdienst do, der hod unsern Buam gfragt, wia er hoaßt. Und da Bua hod gsagt, des woaß er ned. Dann sagt der Mo: „No, wia sagt denn dei Papa zu dir?" Und dann hod da Bua gsagt: „Finger weg!"

Rechenwesen

Kare: Des is des! Mir werma ein Volk von Deppen !

Sepp: Des is eh klar! Owa wos moanst jetza konkret?

Kare: Rechnen moane! Kopfrechnen! Heit les i in da Zeitung an Bericht, do hamms a Untersuchung gmocht, a Langzeituntersuchung, also scho mindestens a poor Stund, und do is aussakema, dass in Deitschland 46 Prozent aller Menschen ab 12 Johrn nimmer Kopfrechnen kinnan!

Sepp: Des is erschütternd is des!

Kare: Owa ehrlich! Und vo wos kimmts? Vo de elendigen Taschenrechner! In da Schul, do rechnens bloß no mit dem Glump!

Sepp: Und privat aa! In an jeden Handy is aso a Malefiz-Taschenrechner dabei! Du, mei Andreas, der is des lebende Beispiel für de Verdummung, de wos grassiert!

Kare: Ehrlich?

Sepp: Owa hundertprozentig! Letzdings hod er sein 13. Geburtstag gfeiert.

Kare: 13 Johr is der scho?

Sepp: Jaja, 13. Owa is ja wurscht. Es geht mir ned um sei Alter, sondern um sei Verdummung! Aaf jeden Fall hod er vier Buama und drei Deandln eiglodn.

Kare: Do schau her! Drei Deandln! Mit 13! Do hob i no gor ned gwisst, wo hint und vorn is. Also deandlmäßig moan i.

Sepp: Ja, is scho klar, owa des moan i ned. Also, vier Buama und drei Deandln. Dann sagt er, er rechnet pro Bua zwoa Boor Wiener und pro Deandl oa Boor.

Kare: Des is angemessen! Wenn oana ned zufällig dodal verfressn is!

Sepp: Jetza pass aaf: Der hod des nicht im Kopf ausrechnen kinna, wiaviel Wiener dass er kaffa muaß! Der hod des mit'm Taschenrechner ausgrechnet! Vier Buam und drei Deandln! Mit'm Taschenrechner! Des is doch a Wahnsinn! Des is da Untergang der weißen Rasse!

Kare: Des derf doch ned wahr sei!

Sepp: Des san Tatsachen! Schaama muaßt di mit de Kinder! Do brauch i doch koan Taschenrechner! Do kaaf i 20 Boor

Kare:	Wiener und dann glangans gwies! Des is doch koa Affäre ned!
Kare:	Genau! 20 Boor und da Kaas is gessn! Do brauch i doch koan Taschenrechner! Des is typisch: Drümmer Weiber zum 13. Geburtstag eilodn, owa z'bläd, dassma 20 Boor Wiener bsorgt!
Sepp:	Gega de schleichende Verblödung host du keine Chance! Wiaviel Prozent sagst, kinnan in Deitschland nimmer Kopfrechnen?
Kare:	46 Prozent!
Sepp:	Samma bloß froh, dassma zu de andern 64 Prozent ghörn!
Kare:	Do kinnma'n Herrgott danka!
Sepp:	Owa ehrlich!

Glück im Unglück

Kare:	Kreizbirnbaam! Da erste Schnee und scho hodsme dawischt!
Sepp:	Dawischt hodsde? Wia dawischt?
Kare:	Gestern! Zwoa Zantemedda Neischnee, i rutsch an Randstoa dro – zack – da rechte Vorderreifn hi! Zrissn, baatschbumm! Und da rechte Kotflügl aa!
Sepp:	Aso a Pech!
Kare:	Ja und nein! Im Endeffekt hob i Glück ghabt. I hob nämlich scho seit drei Wochen de neia Winterreifen in da Garage drin, weil de oltn dodal ogfohrn san. Guat, dass i de neia no ned draaf ghabt hob, sunst waar so oaner hi!
Sepp:	Glück im Unglück!
Kare:	Jamei, a weng a Glück braucht da Mensch!

Punktesammler

Rudi: Ja, da Erwin!

Erwin: Rudi! Servus, olte Schwungscheibn! Wann hamma uns jetza mir zwoa's letzte Mol persönlich gseng?

Rudi: Gestern beim Frühschoppen!

Erwin: Genau! Jetza wosdas sagst! Und, alles klar?

Rudi: Alles im grünen Bereich! Momentan bin i fleißig beim Daamdrucka!

Erwin: Daamdrucka? Für wen denn?

Rudi: Für mein Buam! Der mocht heier's Abitur! Weil i sog allaweil: „A Abitur is a Abitur!"

Erwin: Ein wahres Wort! Des nimmt eam koaner mehr! Wosma hod, des hodma!

Rudi: Owa einfach is ned! Mei liawa, do wird fei scho wos verlangt! A Abitur mochst du nicht im Vorbeigeh'!

Erwin: Des is klar! A Oanser is heitzudogs koa Selbstverständlichkeit nimmer! Samma uns doch ehrlich: Damals, zu unserer Zeit, do wars aso, do wennst Ministrant gwen bist, dann host in Religion automatisch an Oanser ghabt! Außer'm Drifandl Wolfgang! Der war zwar Ministrant, hod owa in da viertn Klass' scho Zigarrn graucht. Der hod dann an Dreier ghabt.

Rudi: Omei! Noten gibts heitzudogs nimmer! Und Klassen aa nimmer!

Erwin: Nimmer?

Rudi: Naa, des hoaßt jetza „Kollegstufe"! Do gibts bloß no Kurse. Grundkurse und Leistungskurse.

Erwin: Oläck! Ja, und wenn de a Probe schreim? Wenns do koa Noten mehr gibt – wos schreibt denn do da Lehrer dann affe? „Schmarrn" oder „nicht schlecht" oder „Hut ab" oder sowos?

Rudi: Naa, do gibts Punkte! 0 Punkte is a Sechser und 15 Punkte is Oans mit Stern!

Erwin: Wos alles gibt! Und? Wia schauts punktemäßig aus bei dein Buam?

Rudi: Noja, es geht einigermaßen. In Mathe hoda 10 Punkte, in Deitsch 11 Punkte, in Englisch 8, in Chemie allerdings bloß 5. Des liegt eam ned mit de Pulverln und de Reagenzglasln. Außerdem is da Chemielehrer a dodaler Luuser, sagta.

Erwin: Wos is na a Luuser?

Rudi: Des woaß i aa ned, owa nix Gscheits ned.

Erwin: Und 15 Punkte hoda nirgends?

Rudi: Doch, doch! Hoda aa!

Erwin: Wahrscheinlich in Sport!

Rudi: Naa, in Flensburg!

Diplom-Hund

Kare: I hob jetza mein Hund für an Lehrgang ogmeld! Acht Doppelstunden Intensivtraining! Dann is a Abschlussprüfung! Mit allem Pipapo! Folgsamkeit, Charakter, Mut, Treue, Wendigkeit und Merkfähigkeit!

Sepp: Und wos bringt des?

Kare: Wenn da Fuffi de Prüfung bsteht, dann is er a „Diplom-Hund"! Do kriagta dann extra a Diplomurkunde!

Sepp: Und wenn er de Prüfung ned bsteht?

Kare: Dann bleibta a bläder Hund!

Retourkutsche

Eine junge, sehr attraktive Frau befindet sich mit ihrem kleinen Kind im Lokal. Das Kind saust zwischen den anderen Gästen hin und her. Einem übergewichtigen Herrn schüttet es das Weizenglas um. Dieser erlaubt sich, Kritik am Verhalten des Kindes zu üben.

Mann: Also, oans soge eahna scho: Wenn i da Voda vo dem Kind waar, dann daadse des mit Sicherheit ned aso aafführn!

Frau: Dann sog eahna i aa wos: Wenn Sie da Voda vo dem Kind waarn, dann waar i mit Sicherheit ned de Mutter!

Auf dem Oktoberfest

Sepp: Griaß Gott! Sie san ebba a Security-Mo?

Mann: Das bin ich!

Sepp: I hobmas scho denkt, wega da Uniform!

Mann: Ja!

Sepp: Dann is ebba des a Promi-Zelt?

Mann: Das ist es!

Sepp: *Zu Kare:* Des is a Promi-Zelt!

Kare: Do schau her! Mir samma heier's erste Mol am Oktoberfest!

Mann: Aha!

Sepp: Des is da Kare, mei Freind!

Mann: Ach ja!

Sepp: Also rein platonisch, ned dass Sie moana! Weil grod de Promis, do hörtma ja allerhand!

Kare: Rein platonisch! Mir samma voheirat! Streng! Also ned mitananda! Anderweitig!

Mann: Aha!

Sepp: Und? San scho Promis do?

Mann: Einige!

Sepp: Wer nacha?

Mann: Verschiedene!

Sepp: A geh! Glaubn möchstas ned!

Kare: Und wo sans?

Mann: Im Zelt!

Sepp: Wahnsinn! Sans im Zelt drin, de ganzn Promis?

Kare: Do werns drin sei, oder?

Mann: Genau!

Sepp: *Zu Kare:* Im Zelt sans drin, de Promis!

Kare: *Zu Sepp:* Dafür is ja a Promi-Zelt!

Sepp: Ja eben! Sie, Herr Security, amol eine Frage: Is jetza des nervig, wennma dauernd aaf so Promis aafpassn muaß?

Mann: Nee! Nervig sind nur die blöden Fragen, die einem dauernd von irgendwelchen Idioten gestellt werden!

Sepp: *Zu Kare:* Des glaub i! Do moant er bestimmt d'Preißn, weil de frogn doch dauernd so bläd!

Kare: Genau! Do duats eam wahrscheinlich direkt guat, wenn amol zwoa Vernünftige vorbeikemman!

Allerheiligenszene

Er: Du, woaßt wos mir durch'n Kopf geht, wenn i aso am Grob steh: Wenn i ganz ehrlich bin, is des scho a bisserl weng, dass i meiner Mama bloß oamol im Johr an Blumenstrauß vorbeibring!

Sie: Weng is scho, owa immerhin no oamol öfter wia mir!

Kleinigkeiten

Kare: Sepp, woaßt, wos verblüffend is?

Sepp: Naa, wosn?

Kare: De meistn Ehestreitigkeiten gibts wega kloane Sachen!

Sepp: Jetza wosdas sagst! Des stimmt! Mir hamm zum Beispiel unsern letztn Ehestreit am Volksfest ghabt. In da Bar. Wega acht Schnaps! De hob i trunka. Mei, hod do mei Wei gschimpft! Wega de zwoa Riesenmass Bier hods nix gsagt, oder songma amol kaam wos. Owa wega de acht kloan Schnapserln hodsase furchtbar aafgregt. Es is wirklich allaweil wega kloane Sachen!

Kare: Genau! Bei uns aa! Nur wega kloane Sachen! Unsern größtn Ehestreit hamma ghabt, weil i amol am Feierwehrball mit da Bedienung gschmust hob. Und de war höchstens an Meter 52!

Zu spät

Rudi: Zehn Dog howe Urlaub ghabt! Zehn Dog war i am Gardasee! Dauernd hods grengt! Am letztn Dog is d'Sun kema – zu spät!

Erwin: Acht Dog war Volksfest! Am allerletztn Dog, zehn Minuten bevor's Bierzelt zuagmocht hod, hod mir da Burgermoasta drei Biermarkerl gschenkt – zu spät!

Kare: 28 Johr war i Junggsell! A Wocha noch meiner Hochzeit hob i gspannt, dass i kocha und woschn konn – zu spät!

Der Nicht-Egoist

Sepp: Und Manner? Habts scho Vorbereitungen troffa für'n Winter?

Kare: No frale! Gestern hob i mir neie Winterreifen kafft!

Mane: Und i hobma a Langlaufset zuaglegt! Wenns schneibt, dann gehts ab in d'Loipn!

Rudi: I hobma an neia Wintermantel kafft!

Erwin: Ja sagts amol! Wos seids denn ihr für Egoisten! Jeder kafftse bloß wos für sich! Bin i wirklich da oanzige, der wos an sei Frau denkt?

Betretenes Schweigen.

Kare: Jetza sog bloß, du host deiner Frau wos kafft!

Erwin: Und ob! I bin koa so a Gloifl wia ihr! Grod jetza, wo de kolte Jahreszeit kimmt, do denk i sofort an mei Frau!

Rudi: Wos host ihr denn nacha kafft?

Erwin: A Schneeschaufel!

Solargeschwindigkeit

Kare: Gestern hob i am Fernseh an Film gseng über a Solarauto! Hä, des is fei faszinierend! Des fohrt sogar! Ohne Motor!

Sepp: Ja, und wia funktioniert des?

Kare: Also, so ganz genau kapieres aa ned. Owa im Prinzip is aso, dass d'Sun draafscheint und des is dann a Energie und de wird dann praktisch in a Gschwindigkeit umgwandelt und dann fohrts. Also vereinfacht ausdruckt.

Sepp: Wahnsinn! I konn mir des gor ned vorstelln, dass do a Gschwindigkeit draus wird, bloß weil d'Sun draafscheint.

Rudi: I konn mir des scho vorstelln! I hob amol an Fleischsolot gessn, aaf den hod vorher drei Stund d'Sun draafgscheint. Mit so ana Gschwindigkeit bin i no nie aaf's Klo grennt!

Der Bayer an sich isst Schweinebraten und trinkt Bier! Ein weitverbreitetes Vorurteil, welches stimmt! Zumindest beim Altbayern, denn der nordwestliche Bayer, auch Unterfranke genannt, neigt eher zum Reben- als zum Gerstensaft und ist daher zwangsläufig ein Weinkenner. Der biertrinkende Altbayer im Süden und Osten des Freistaates ist es nicht. Er hat zum Wein kaum Kontakt, höchstens bei der Christbaumversteigerung des Schützenvereins, wo er nach dem Genuss mehrerer Halben Bier im Überschwang der Gefühle eine Flasche „Oppenheimer Krötenbrunnen" ersteigert, weil er den Namen so lustig findet. Die Flasche wird dann bei passender Gelegenheit einem älteren Verwandten zum Geburtstag geschenkt. Wenn solche Nicht-Wein-Kenner durch glückliche Umstände in näheren Kontakt mit dem Traubenprodukt kommen, kann es recht lustig werden – oder auch peinlich, zum Beispiel bei der

Weinprobe

Winzer:	So, sehr verehrte Damen, meine Herren, liebe Gäste aus Bayern, ich darf Sie alle sehr herzlich bei uns in der Wachau begrüßen! Sie sind ja alle Gewinner …
Heinz:	Ja, genau! Mir hamma bei dem Preisausschreiben mitdo „Wein für den Verein"! Des war einfach! De Lösung hamma glei ghabt!
Sepp:	Ja, weil de Frage war ja ned schwaar! Also ganz leicht wars aa ned, owa aa ned direkt schwaar.
Kurt:	De war scho leicht! „Welcher große Fluss fließt durch die Wachau? Rhein oder Donau?" Des is doch ned schwaar! Des woaß doch a jeder, dass des d'Donau is!
Sepp:	Ja, du scho! Du host ja a Verwandtschaft in Österreich!
Kurt's Frau:	Also, des hätt' mei Kurt ohne österreichische Verwandtschaft aa gwisst!
Sepp's Frau:	Da Sepp aa!
Sepp:	Noja, sooo einfach is des aa wieder ned, weil da Rhein, der fließt …
Sepp's Frau:	*Spitz:* Josef, du hättst des gewusst!
Sepp:	*Folgsam:* Im Endeffekt scho.

Winzer:	Is ja aa wurscht! Auf jeden Fall hamm Sie alle gewonnen! Eine Weinprobe für sechs Personen!
Heinz:	Jawoll! I gfrei mi scho! Probiern geht über studiern!
Winzer:	Und wie hamm Sie die sechs Personen im Verein ausgewählt?
Kurt:	Ganz demokratisch! I bin da Vorsitzende, da Heinz da Kassier und da Sepp da Schriftführer. Und drum hamma gsagt: „Fohrma mir drei mit de Weiber!" Des hamma telefonisch einstimmig beschlossen!
Sepp:	Des stimmt! Des war dodal harmonisch! Mir hamm gsagt, mir san genau sechs, dann passts eh!
Kurt's Frau:	Weil es war ja nur für sechs Personen!
Winzer:	Auf jeden Fall gfreit es mich, dass Sie heute bei uns san zur Verkostung der Weine!
Heinz:	Wos? Verkostung? Es hod doch ghoaßn, es kost nix!
Kurt:	Genau! Des hamma schriftlich! Als Mail!
Winzer:	Naa, Moment! Da hamms mi falsch verstanden …
Sepp:	I zohl nix! Wenn, dann d'Vereinskasse! Privat zohl i nix!
Winzer:	Nein, Verkostung heißt ja ned, dass es was kost! Verkostung heißt nix anderes als Probetrinken!
Heinz:	Aso! Dann bine scho beruhigt. I hobma scho denkt, des gibts doch ned, mir hamma doch gwunga! Gwunga is gwunga!
Heinz's Frau:	Ja, jetza bi wieder staad! Du hostas ja ghört, dass nix kost!
Heinz:	I sog ja bloß!
Kurt:	Außerdem hättmas schriftlich ghabt! Im Notfall!
Kurt's Frau:	Bi staad jetza!
Winzer:	Naa, wirklich! Es kost nix! Vielleicht kurz zum Procedere …
Sepp:	Zu wem? Bleima mir ned do?
Kurt:	Naa, der moant, wia des ganze ablafft!
Sepp:	Aso!
Sepp's Frau:	Bi holt amol staad, wennst di ned auskennst!
Sepp:	Frogn wirdma doch no derfa!
Winzer:	Also, i hätt' mir des aso gedenkt: I sog erst amal a paar Worte zu unserem Weinbaubetrieb …

Sepp:	Mi daad owa scho dürschtn!
Sepp's Frau:	Jetza lassda halt dazeit!
Winzer:	Koa Angst, i sag wirklich nur a paar Worte! Und dann gemma über zum gemütlichen Teil!
Heinz:	Genau! Aso mochmas! Erst die Arbeit, dann das Vergnügen!
Winzer:	Also, bereits schon seit vier Generationen wird bei uns Wein erzeugt! Mein Urgroßvater Vinzenz Murauer hat den Betrieb im Jahre 1912 gegründet.
Kurt:	Wahnsinn! Des hätt' i ned glaubt! Owa jetza fangma o mit da Weinprobe!
Heinz:	Genau! Historisch samma jetza im Bilde!
Winzer:	I glaub aa, es is besser, wannma gleich beginnen. Hat jemand noch eine spezielle Frage zum Weinbaubetrieb an sich?
Sepp's Frau:	Ja! Wo is'n do's Klo?
Kurt's Frau:	I miaßert aa!
Heinz's Frau:	I scho lang! I wenn bloß an's Trinka denk, muaß i scho biesln! Es is furchtbar!
Winzer:	Wann's do vor genga, dann rechts, dann die Treppn runter!

Die drei Damen begeben sich voller Vorfreude gemeinsam auf die Toilette.

Sepp:	So! Jetza trinkma z'erst amol an gscheidn Schnaps!
Heinz:	A Schnaps is nie verkehrt!
Winzer:	An guadn Marillenbrand hättma do!
Kurt:	Genau! Der kimmt jetza grod recht! Bringens drei Doppelte!
Winzer:	Und für die Damen?
Heinz:	Liawa ned! De wern aaf an Wein scho so komisch, dann brauchens ned no an Schnaps aa!
Sepp:	Des stimmt! De mei hod's letzte Mol beim Italiener an Chianti und zwoa Ramazotti trunka, dann hodsma ins Gsicht gsagt, dass mi mog! Vor wildfremde Leit! I waar fast im Bodn versunka!
Kurt:	Des derf doch ned wohr sei! Peinlich!
Heinz:	Durch den Schnaps war de dodal enthemmt!

Sepp:	Schaama muaßmase, wenn a Wei wos trinkt! I wenn an Rausch hob, dann hob i holt an Rausch! Owa i red koan so an Schmarrn ned daher!
Winzer:	*Kommt mit einer vollen Flasche Marillenbrand und vier Gläsern, die deutlich größer sind als ein handelsübliches Schnapsglas.* Soo, schenkma ein! Vier Doppelte, weil i trink aa aan mit. Also, zum Wohle! I bin da Franz!
Kurt:	Kurt!
Sepp:	Sepp!
Heinz:	Heinz! Samma wieder guat!

Man trinkt das volle Glas ex.

Heinz:	Buuahhhh! Der haut eine! Des schmeckt ma direkt, dass des wos Gsunds is!
Winzer:	Wos Natürliches!
Sepp:	Drum schenkst uns natürlich no oan ei!
Winzer:	Aber gern! So … Prost Heinz, prost Sepp, prost Kurt!
Sepp:	Prost Franz, olte Wurschthaut!
Kurt:	Wia hoaßts allaweil so schee: „Auf zwei Beinen steht man schlecht!" Hau no oan eine, an so an Virenkiller!
Heinz:	Aller guten Dinge san drei!
Sepp:	„Dreimal ist keinmal" hoaßt a olts Sprichwort!
Winzer:	Gern! Ihr denkts aber schon dran, dass wir noch eine Weinprobe vor uns haben!
Heinz:	No freilich! Der Schnaps is ja bloß d'Einleitung!
Sepp:	's Entree quasi!
Kurt:	Er wieder! Bloß weilst Englisch konnst!
Sepp:	Des is französisch, du Dolde!
Kurt:	No schlimmer! Jetza trinkma no aso a Glaserl Schnaps, dann schauma weida!

Man trinkt erneut einen circa vierfachen Marillenbrand. Die Flasche ist bereits zu drei Vierteln leer.

Sepp:	So Franz, jetza raam den Schnaps weg, bevor dass unserne Weiber aaf dumme Gedanken kemman!
Winzer:	Moanst ned, dassma denen aa aan eischenkn sollten?

Kurt:	Bloß des ned! Duana weg!
Franz:	Ja guat!

Der Winzer räumt den Rest des Marillenbrands weg. Die Stimmung unter den Männern ist schon deutlich gelöst. Man lässt sich in der allgemeinen Euphorie sogar zu einem nicht alltäglichen Lob hinreißen.

Sepp:	Owa insgesamt kinnma scho zfriedn sei mit unserne Weiber! Daad i sogn!
Heinz:	Naa, über mei Monika lass i nix kemma! I hob scho oft gsagt: „Es gibt Schlimmere! Und des is koa Phrase ned, des san Tatsachen!"
Kurt:	*Fast gerührt:* Do habts Recht! Wos waarnma denn ohne unsere Weiber? Glatte Deppen!
Sepp:	Des samma zwar aso aa, owa trotzdem!
Heinz:	Hähähä! Do host ned Unrecht!
Kurt:	Depp bleibt Depp! Hähähä! Owa is sog allaweil: „Liawa a Depp wia gor koa Hirn!"
Sepp:	Genau! Hähähä! Du Franz, wia segst du des? Als Österreicher? Bist du aa zfriedn mit dein Wei ?
Winzer:	Ohne mei Wei waar i aafgschmissn! De kümmertse um den Haushalt, de Kinder und de Buchhaltung! I hob a ganz a guats Wei! I wüsst ned, wos i daad ohne sie!
Kurt:	*Erneut gerührt:* Franz, alter Kamerad! Des host schee gsagt! I daad sogn, hol de Schnapsflaschn wieder her, des Noagerl saffma jetza aa no aus – aaf des spezielle Wohl vo unserne Frauen!
Sepp:	Genau! Aso machmas! Auf die Gattinnen! Franz, hol de Flaschn! Glasln brauchma gor nimmer, mir samma Freind, mir saffma aus oan Gefaß!
Heinz:	Gefäß dem Motto: „Hau weg, des Zeich!" Hähähä!
Kurt:	Des hoaßt owa „gemäß dem Motto" und ned „Gefäß dem Motto"!
Heinz:	Des woaß i scho! Des war doch a Gag!
Kurt:	Aso! Hähähä! Gefäß dem Motto! A Hund bist scho, Heinz!
Winzer:	Sodala, do is de Flaschen! Jetza nimmt a jeder an gscheidn Schluck, dann konn i des Leergut wegraama! Prost mitnanda!

Die Flasche kreist, wird brüderlich geleert und umgehend entsorgt. Die Damen kommen zurück.

Sepp:	Ja endlich sans wieder do, unsere Holden!
Heinz:	Hamm eich d'Ohrn ned pfiffa am Abort?
Heinz's Frau:	Warum?
Heinz:	Weilma eich aso globt hamm! Wosma für a Glück hamm mit unsere Weiber und überhaupt!
Sepp's Frau:	*Zu Heinz's Frau:* De hamm wos trunka! Da Mei lobt mi bloß, wenna bsuffa is!
Kurt's Frau:	Da Mei mi aa!
Heinz's Frau:	Habts ihr wos trunka, wiama mir am Klo warn?
Heinz:	Oan Schnaps! Mitanand!
Heinz's Frau:	Oan Schnaps! Des glaubst doch selber ned!
Sepp:	Des stimmt wirklich! Einen Marillenbrand hamma trunka! Genau oan! I derf mausdout umfolln, wenn's ned stimmt! Franz, sogs!
Winzer:	Ah, ja, des stimmt! I kanns bezeugen! I hob nur aan Marillenbrand bracht und den hamma gemeinsam trunka!
Sepp:	*Mit erhobenem Zeigefinger:* Als Entree! Hicks!
Heinz:	Jetza sitzts eich her! Fangma mit da Weinprobe o! Uns dürscht!
Winzer:	Währenddessen sich die Damen setzen, hol i a klaane Jaasn!
Kurt:	Wos holta? A klaane Jaasn? Is des d'Bedienung?
Heinz:	Naa, des is a Brotzeit! A Jausn! D'Österreicher sogn doch zu da Brotzeit „Jausn"!
Kurt:	Aso! I hobma scho denkt, für uns sechs Hansln brauchts doch koa Bedienung ned!
Sepp:	A weng wos zum essn waar ned schlecht, nacha hamma wenigstens a Unterlag!
Heinz's Frau:	Owa de Kalorien! I hob grod erst de Kohlsuppendiät hinter mir!
Sepp's Frau:	Hods di do ned recht blaaht?
Heinz's Frau:	Frage nicht!
Winzer:	Sodala! Des san Speckwürscht, a Bauerngräächerts, a Haasmacherleberwurscht und a Griebenschmoiz. Na-

	türlich is aa a frisch aasgrührte Butter und Bauernbrot dabei! Lassts eich schmecka!
Heinz:	Mi host ghaut! Lauter guade Sachen!
Sepp:	Des hodse rentiert, dassma do mitdo hamm bei dem Preisausschreiben!
Kurt:	I glaub, i fang mit da Speckwurscht o! Weil Fett is guat gega Alkohol!
Heinz's Frau:	Omei, omei! Des san abertausende vo Kalorien! Do hätt' i mir de Kohlsuppendiät sporn kinna!
Heinz:	I hobdas glei gsagt! Du allaweil mit deiner Abnehmerei! 81 Kilo bei an Meter 59 is doch ned z'viel!
Sepp:	Genau! Des is grod schee griffig!
Heinz's Frau:	*Geschmeichelt:* Also Sepp! Du bistma oana!
Kurt:	Do hoda scho recht, da Sepp! Man mog doch a weng wos in da Händ' hobn! Oder ebba ned, Heinz?
Heinz:	Meine Rede! Owa de Weiber glauben allaweil, se san z'dick! Aa wenn's no so schlank san!
Winzer:	Jetza greifts zua! An guatn wünsch eich! I hol no an Kaas und dann bring i glei de ersten drei Weine zum probiern! *Geht hinaus.*
Heinz:	Mei liawa, da Franz is auf Zack! Schauts eich de Super-Broutzeit o! Und jetza holt er an Kaas aa no!
Sepp:	Des kinnans einfach, de Österreicher! Des segtma scho am Alfons Schuhbeck!
Sepp's Frau:	Owa des is doch a Deitscher!
Sepp:	Eben!
Sepp's Frau:	Redst du einen Schmarrn daher! Ihr habts doch wos trunka, oder?
Sepp:	Kaum! Hicks!
Kurt:	Jetza hauts eine, nacha vertragts mehra! An Guatn mitanand!

Alle langen kräftig zu, und ein Kauen und Schmatzen der Männer sowie ein genüssliches „mmhhh" der Damen macht sich breit. Franz erscheint mit dem Käse.

Winzer:	Sodala, do waar da Kaas! Mir hamm in der Wachau an alten Spruch, der hoaßt: „Kaas und Wein, nix schmeckt so fein!"

Heinz:	Genau! Mir hamm aa an Spruch: „Ob Wein, ob Schnaps, ob Most – i saaf alls, wenns nixe kost!" Hähähä!
Heinz's Frau:	Also Heinz!
Sepp:	Omei Heinz! Du und deine Witz'! Mit dir brich i no o!
Kurt:	Woaßt Franz, da Heinz wenn dabei is, dann is allaweil wos geboten! Da Heinz is a Stimmungskanone! Hä, der hod Sprüch' draaf, do soachst du in d'Hosn!
Winzer:	A geh?
Kurt's Frau:	Kurt! Red' ned so gschert daher!
Kurt:	Weils wohr is! Übrigens, de Hausmacherleberwurscht is aa ned schlecht!
Sepp:	Und der Buda! Also, so an Buda – do konnst lang suacha! Des is a Buda, do woma sogn konn: „Jawoll, des is a Buda!"
Winzer:	Des is a original ausgrührter Bauernbutter!
Heinz:	Nacha probieren aa! *Schmiert sich eine circa 1 Zentimeter dicke Butterschicht auf eine Scheibe Brot und beißt herzhaft hinein.*
Sepp:	Und?
Heinz:	Ja mi läckst am Irmel! Des is a Buda!
Sepp:	Soge doch!
Winzer:	Des gfreit mi, wanns eich schmecken duat!
Sepp's Frau:	Also wirklich, Kompliment! Owa de Kalorien! Des wird heit vierstellig! Des san tausende!
Winzer:	Einmal geht das schon! So, und jetza daad i sogn, dasma den erschtn Wein probiern! *Entkorkt gekonnt eine Flasche und schenkt jedem einen Schluck ein.*
Sepp:	Derfst scho vollmacha! Mi dürscht!
Heinz:	Mir aa voll bitte!
Kurt:	Hau eine, des Zeich!
Kurt's Frau:	Kurt! Langsam!
Kurt:	Ja wennme holt dürscht!
Winzer:	So, jetza zoag i eich, wia man einen Wein verkostn duat! *Nimmt einen kleinen Schluck, schlürft, beißt, zutzelt und schmatzt.* Nur so duat sich im Mund am Gaumen der volle Geschmack entfalten! Das Aroma, die Nuancen!
Heinz:	Des probiere aa! *Nimmt einen sehr kräftigen Schluck und macht allerlei Geräusche, während er den Schluck im Mund hin und her spült.* Hmm …

Kurt:	Und? Wos sagst? Kennst scho wos?
Heinz:	Hmm, also i daad sogn …, also wennme ned alles deischt, dann is des …Moment! *Nimmt vorsichtshalber noch einen Schluck.* Ja, i glaub, i woaß's!
Sepp:	Wos moanst nacha, Heinz?
Winzer:	Jetza bin i selber gspannt, obst du schmeckst, was des für a Wein sein duat!
Heinz's Frau:	Also normal hod der null Ahnung! Des daad mi schwaar wundern, wenn der wissert, wos des für a Wein is!
Heinz:	*Nach letztem Zutzeln:* Also, i bin mir so guat wia sicher: Des is a Rotwein!
Kurt:	A Rotwein! Also du bist vielleicht ein Depp! Dass des a Rotwein is, des hob i aso aa gseng!
Heinz:	Ja – gseng! Owa i hobs gschmeckt!
Sepp:	Ja freilich, aso schaust aus! Franz, du bist da Profi: Wos isn des für oaner? Weil der is ned schlecht!
Winzer:	Des is ein drei Joahr alter Blauburgunder! Er entfaltet im Mund ein ganz leichtes Nussaroma, kombiniert mit einem Hauch Kürbis. Aber bloß a Hauch!
Sepp's Frau:	Gell! I hob mir fei scho denkt: Irgendwie schmeck i do a Nuss aussa! Ohne Schmarrn! Also der Kürbis, der is mir entgangen, owa des Nussige, des stimmt!
Kurt's Frau:	Hübsch sauer isa!
Winzer:	Trocken! Beim Wein sagtma „trocken", ned „sauer"! Also, wia gsagt, dieser Blauburgunder entfaltet im Mund sein Nussaroma und einen Hauch Kürbis. Und im Abgang spürt man einen Kirschnote!
Sepp:	*Erschrocken:* Im Abgang? Am Klo oder wos? Beim Biesln? Schmeckt des dann noch Kirschen?

Alle lachen.

Sepp's Frau:	*Peinlich berührt:* Sepp! Jetza frog doch ned so bläd! Do muaßmase ja schaama!
Sepp:	*Beleidigt:* Dann sogs du, wos des bedeit, wennst so schlau bist!
Sepp's Frau:	Herr Franz, sogns eam Sie, Sie san da Profi!

Winzer:	Gerne! „Im Abgang", des hoaßt, beim Hinunterschlucken! Bei diesem Blauburgunder meint man, hinten am Gaumen beim Hinunterschlucken ein ganz leichtes Kirscharoma zu erfühlen!
Heinz:	Also, wenn i ganz ehrlich bin: I hob jetza scho viermol gschluckt, owa kirschmäßig war do nix! Null!
Heinz's Frau:	Weilstna saffst wia a Wasser! Do hod ja des Kirscharoma überhaupt koa Chance zur Entfaltung!
Heinz:	Jamei, wennme dürscht! Prost Leit! Ex! *Erhebt das Glas, alle trinken aus. Kurt, Sepp und Heinz, bei denen sich bereits ein leichtes Lallen bemerkbar macht, ihren vollen Schoppen, der Winzer und die Damen ihren Schluck.*
Sepp:	Franz, der is ned schlecht, do nimm i an Kastn mit!
Winzer:	An Karton moanst?
Sepp's Frau:	Wein gibts doch ned im Kastn! Also Sepp!
Sepp:	Ja, dann holt im Karton! San do aa zwanzge drin wia beim Bier?
Winzer:	Naa, des san sechs Flaschen pro Karton.
Sepp:	Dann nimm i drei Karton! Wennma scho de Weinprobe gwunga hamm, dann kinnma ruhig a weng investiern! Da Franz gfreitse aa, wenn a Gschäft geht! Oder Franz?
Winzer:	Schon auch!
Sepp:	Also nacha! Soge doch!
Heinz:	Und man braucht aa ab und zu a Gschenk! Do is a Flaschn Wein nie verkehrt! De konnma aa ins Krankahaus mitbringa zu an Bsuach! I nimm aa drei Kartonagen!
Kurt:	Mir hamma mindestens 30 Flaschen Wein im Keller steh und koa Mensch saffts! Sogar guade san do dabei – Asti Schbumante und so! Obwohl, i kriag ja do allaweil Sodbrenna aaf des hupferte Zeig! Langer Rede kurzer Sinn: Mir richst aa drei Karton her, Franz! Weil ob jetza im Keller 30 Flaschen umananda stenga oder 48, des is dann aa scho wurscht!
Kurt's Frau:	Nächste Woch wird doch dei Chef 50! Do konnst eam glei an Karton mitbringa!
Kurt:	Genau, des is ideal! Der safft alls!

76

Winzer:	Des gfreit mi, wann ihr glei so eikaufts! Dann daad i sogn: Verkostma den nächsten Wein!
Sepp:	No her damit!
Kurt's Frau:	Mir steigta fei scho a weng in Kopf! I hob a ganz a hoaß Hirn!
Kurt:	A geh, des is doch unmöglich! Du host ja erst oan Schluck trunka!
Kurt's Frau:	I bin halt des ned gwöhnt!
Kurt:	*Vorwurfsvoll:* Des is des! Du muaßt allgemein mehr trinka!
Sepp:	*Ebenso vorwurfsvoll zu seiner Frau:* Du bist de Gleich'! Du vertragst aa allaweil nix! Jedsmol, wennma furtgenga, derf i bloß vier Weißbier trinka, weilst du mit oan Wein nimmer fohrn konnst! Oft daad mi aso dürschtn! Owa naa, d'Madam is ja nimmer fahrtüchtig!
Sepp's Frau:	Di dürscht ja immer!
Heinz:	Apropos dürschtn: Franz, schenk ei! Packma den naxtn!
Winter:	Gerne!
Kurt:	Und mach voll! Mi dürscht allaweil no! Des Bauerngräucherte, des macht dermaßen durschtig!
Sepp:	De Speckwurscht aa! I trink aa no a Glasl voll!
Heinz:	I sowieso!

Franz schenkt den Herren voll, den Damen wieder nur einen Schluck ein. Das Lallen der Herren nimmt zu.

Heinz:	Des is jetza a Weißer! Rein optisch!
Kurt:	Sehr witzig!
Winzer:	Des is a Grüner Veltliner!
Sepp:	Obwohl dass er weiß is?
Kurt:	Vielleicht, weil d'Weintraum grün san?
Winzer:	Des is guat möglich!
Heinz:	Is o wurscht! Jetza trinkma z'erst amol! Prost! *Man trinkt.*
Sepp:	*Zu seiner Frau:* Der schmeckt wia der Sekt, den wosma mir dahoam hamm! Bloß lätscherter!
Sepp's Frau:	Des is doch logisch! Im Sekt is ja a Kohlensäure drin!

Sepp:	Stimmt haargenau!
Winzer:	Der Grüne Veltliner ist ein leichter, spritziger Wein für alle Gelegenheiten! Er eignet sich auch sehr guat als Tafelwein, weil er guat bekömmlich ist und auch vom Alkohol her ned so gehaltvoll!
Sepp:	Trotzdem gspüren scho a weng!
Heinz:	Es hilft alles nix! Mi dürscht dermaßen, i trink ex! Obwohl dass i aa scho a weng kenn, dass i wos trunka hob!
Heinz's Frau:	Dann saaf halt ned so blindlings eine! Des hoaßt Weinprobe und ned Wettsaufen!
Heinz:	Jamei, wennme dürscht!
Kurt:	Also, i hobma grod aa denkt: „Hörausch!" I kenn nämlich den Wein aa scho körperlich! Und zwar, wia mir der Kaas vom Bauernbrot owegfolln is. Des passiert mir normal ned! I wollt abbeißen, is da ganze Kaasbelag ins Rutschen kemma und scho wara furt! Also, i schreib des eindeutig dem Alkohol zua!
Winzer:	Aber a wengl a Gaudi derf scho sein, oder?
Sepp:	*Weinselig-freundschaftlich und lallend:* No freilich Franz!
Winzer:	Und? Was sagst zum Grünen Veltliner?
Sepp:	Nix, weil er sagt zu mir aa nix! Hähähä! War a Witz!
Winzer:	Sehr luschtig!
Sepp's Frau:	Fruchtig isa!
Winzer:	Genau! Des hast sehr gut erkannt! Da Grüne Veltliner is a recht a fruchtiger Wein!
Sepp's Frau:	*Verlegen, aber auch stolz:* Ja mei!
Sepp:	*Zu seiner Frau:* Dassde du do aso auskennst! Saffst du ebba heimlich?
Sepp's Frau:	Also Sepp! Wos denkst denn du vo mir? Höchstens amol a Glaserl Eierlikör, wenn a Bsuach do is!
Sepp:	I moan bloß. Weil dass der fruchtig is, des hätt' jetza i ned kennt!
Heinz:	I aaf Anhieb aa ned. I hätt' spontan gsagt, dass der eher sauer is.
Winzer:	Trocken! Beim Wein hoaßts trocken!
Heinz:	Tschulligung! Trocken natürlich!

Kurt:	Also i hob den dermaßen schnell trunka, i hob überhaupt nix aussagschmeckt!
Winzer:	Ja, du muaßt den Wein schon a wengerl beißen, dass du die Geschmacksstoffe herausschmeckst! Aa im Abgang!
Kurt:	Apropos Abgang – muaß vo eich koana aafs Klo? Bei mir waars scho höchste Eisenbahn!
Sepp:	Also lang konn i aa nimmer sitzn! Außerdem koppt mir de Hausmacherleberwurst dermaßen affa!
Heinz:	Jetza daad i sogn, mir trinkma no a Glasl vo dem dritten Wein, dann hammas eh gschafft!
Winzer:	Naa naa, no lang ned! Des san ja bloß de ersten drei Weine! Insgesamt hab' i zehn zur Verkostung vorbereitet!
Sepp:	*Erschüttert:* Ja Heiland! Zehne! Also, seima ned bös', owa zehn Schoppen Wein schaff i heit nimmer! Do waar i hi!
Winzer:	I hob mir schon gedenkt, dass des a wengerl eng werden könnt', wenn ihr des Glasl immer voll machts und ex trinkts.
Sepp's Frau:	I hobs ja gsagt, ihr sollts ned aso einesaufa!
Sepp:	*Mit sehr schwerer Zunge:* Owa man soll pro Dog mindestens drei Liter trinka! Des is erwiesen!
Sepp's Frau:	Ja scho! Drei Liter Flüssigkeit, ned drei Liter Alkohol!
Kurt:	Zefix! Jetza is mir scho wieder da Kaas owegfolln! Leit, des hod koan Taug mehr, i glang! Z'erst der Schnaps und jetza aaf die Schnelle drei Schoppen Wein, des is ned einfach! I bin körperlich firte! Und physisch aa! I sogs ganz ehrlich, i hob scho direkt Schwierigkeiten mit da Krodo… Kordon… Koornid…
Kurt's Frau:	Koordinierung!
Kurt:	Sog i doch! I hobma grod denkt: „San jetza des zwoa Leberwürscht oder drei?" Derweil wars oane! Des is für mi des Zeichen, dass der Abend gelaufen is!
Sepp:	Wenns amol soweit is, dassma d'Würscht nimmer kennt, dann muaßma langsam dua!
Heinz:	Franz! Kamerad der Ostfront! Schenk uns no a Glasl ei, dann packmas!

Heinz's Frau:	Ja, owa i wollt fei jetza no ned ins Bett!
Sepp's Frau:	I aa ned!
Kurt's Frau:	Moanst vielleicht i?
Sepp:	Nacha bleibts halt ihr drei do beim Franz! Franz, schenk uns no a Betthupferl ei!
Winzer:	Also, des waar dann ein Riesling! Der hat …
Kurt:	Isso wurscht, schenk eiiii! *Die Stimme entgleitet, Franz schenkt den Männern die Gläser voll.*
Kurt's Frau:	Mensch Kurt! Host denn du überhaupt koa Noblesse? I glaub, dir konnma histelln, wosma will – du saufst alles!
Kurt:	Wolauf du einen rassen kannst, äh, umkehrt: Worauf du einen lassen kannst!! Prostata, Kurt und Heinz! *Die drei Herren trinken ihr Glas mit Mühe aus.*
Sepp:	Also nix gega di, Franz! Owa a Bier is a Bier! I moan bloß!
Winzer:	*Verlegen:* Ja mei!

Kurt, Sepp und Heinz stehen äußerst mühsam auf und haben deutliche Gleichgewichtsprobleme.

Kurt:	No no, do geht owa a gscheida Wind herin!
Sepp:	Da Wind is des ned! I glaub, da Fuaßbodn is schief!
Heinz:	Manna, des hod alls koan Sinn! Bsuffa samma und aus! Gemma glei ins Zimmer, bevor dass wos passiert! Also, guade Nacht mitananda!

Die drei verlassen wankend und bleich den Raum.

Kurt's Frau:	So Franz, jetza machma de Weinprobe in Ruhe weida!
Winzer:	Also nix gega eiere Männer, aber Kondition hamms koa große!
Sepp's Frau:	Mei, des samma scho gwohnt! De warn heit genauso wia immer!
Heinz's Frau:	Genau! Schwach im Abgang!

Allgemeines Gelächter und Fortsetzung der Weinprobe in zivilisierter Art und Weise.

Mein Traum

Es gibt aaf da Welt verschiedene Leit:
Brave Kinder, Saufratzn, Rentner, die arbeitende Bevölkerung, Beamte, Schauspieler, Politiker... obwohl, de letztn zwoa san meistens sowieso identisch.
Und dann gibts no a zwoate Kategorie: Den Osterhasn, den Nikolaus, d'Frau Holle und verheiratete Männer, de macha derfa, wos sie wolln. Des san de, vo denen manche Traumtänzer glauben, dasses gibt.

Owa i will jetza ned über d'Politiker schimpfa und aa ned über Beamte (immerhin bin i selber oaner!), i möcht heit a ganz a anders Thema aafgreifa:
I bin fest davo überzeugt, dass Handwerker nix liawa macha als Beamte verarschen! I sog des ned einfach aso, sondern i hob des durch lange Beobachtung in eigener Sache ermittelt. Wia gsagt, i bin aa a Beamter, zwar bloß a Standesbeamter, owa immerhin!
Und i hob oft Kontakt zu Handwerker, weil mei Frau, de zwingt mi dazua! Ehrlich! Jedsmol, wenn bei uns dahoam a Handwerker is und irgendwos macht oder richt, dann sagt sie zu mir: „Schau zua, dassdas lernst!" Jedsmol! I konns scho nimmer hörn! Und überhaupt! Warum soll i des lerna? I bin a Mo mit 47 Johrn und wos i konn, des konn i! Und wos i ned konn, des konn i ned! Und des will i aa nimmer lerna! I bin zfriedn mit dem, wos i konn! Es is ned viel, owa i konns!
Owa naa, sie sagt: „Schau zua, dassdas lernst!" Neilich warn zwoa Dachdecker do, de hamm unsern Schneefangbalken, des is aso imprägnierter Baamstamm, den hamms erneuert. Der war nämlich nach 20 Johr vermodert, brüchig quasi, porös – hi halt! Und wos sagt mei Frau zu mir? „Schau zua, dassdas lernst!" Des Auswechseln von an Schneefangbalken! Am Dach obn! Ein dodaler Schmarrn! Wenn der neie Balken aa 20 Johr halt, dann bin i derweil 67 Johr olt! De wird doch ned glauben, dass i in dem Alter no aafs Dach affesteig! Mit 67 steig i überhaupt nirgends mehr affe! Eventuell am Arber, weil do gibts an Lift! Owa keinesfalls aaf mei Dach! Wer woaß leb i derweil no! Wenn ned, dann is mir der Schneefangbalken sowieso wurscht! Und da Arber aa!

Owa mei Frau kennt kein Pardon! Amol war d'Heizung defekt. Da Heizungsfachmann kimmt und raucht 20 Zentimeter neba unsern

4000-Liter-Öltank! Und wos moch i? I schau zua, dasses lern! Obwohl dass i gor ned rauch! Er hod dann de Heizung ogschaut und hod mir wos verzählt von an Rückschlagventil und an Luftbegrenzungsbolzen oder so ähnlich – i hob kein Wort verstanden! Dann hod er a Stund umandagschraubt und dauernd an a Rohr klopft und dann hod er gsagt: „Des wars! Passt, wackelt und hod Luft!"

„Was war nacha hi?", hob i gfragt, dasses lern.

„I hob a Überdruckdichtung ausgwechselt und's Kesselthermostat nei justiert!", hoda gsagt, „wega da Überhitzung von de Abdichtbolzen! Weil do konn aaf lange Sicht a Quergwind' ausfransn!"

„Aa do schau her!", hob i profihaft glächelt „guat, dasses woaß!" Obwohl, wenn i ehrlich bin: I hob nix kapiert! Der hätt genausoguat sogn kinna „i hob's Vrdnz frabiert", des hätt i aa ned verstandn!

Abschließend hod er dann gsagt: „Also, die nackte Wahrheit is: Eier Heizung is a Glump und bleibt a Glump! Froh werds ihr mit dera nimmer!" Des hob i wenigstens kapiert!

Beim Rauchfangkehrer hob i aa amol zuagschaut, dasses lern. Dodal sinnlos! Selbst wennes lerna daad: I kaaf mir doch ned de ganze Kehrausrüstung, bloß weiles konn, weil i zuagschaut hob! Und dann der Dreg! Des möchte i segn, wos do mei Wei sogn daad, wenn i kohlraberlschwarz ins Wohnzimmer einegeh daad und daad sogn: „So, da Kamin is wieder sauber!" De daad durchdraahn!

So, und jetza kimm i zum Beweis, dass Handwerker unheimlich gern Beamte verarschen! Neilich war bei uns a Schreinergsell do, weil d'Küchentür nimmer richtig gschlossn hod. Er war no kaam herin, hod mei Frau scho zu mir gsagt: „Schau zua, dassdas lernst!" Und jetza kimmts! Um neine sagt der Mensch zu mir, ob i schnell zum Baumarkt fohrn kannt, weil er brauchert dringend a 16er-Spiralblech mit Spreizgriff.

I fohr im Schweinsgalopp beziehungsweise im Auto zum Baumarkt und sog zum Verkäufer, dass i a 16er-Spiralblech brauch. Mit Spreizgriff! „Ein 16er-Spiralblech mit Spreizgriff gibt es nicht!", hoda gsagt, der Verkäufer, „da hat Sie wohl jemand veräppelt!" Wissns, wos des für a Demütigung is, wenn du dir von an Preissn sowos ohörn muaßt! Des is sehr belastend, wenn di a Preiß auslacht! I bin hoam und hob zu dem Handwerksburschn gsagt: „Also gell, des brauchts fei ned! Mi um a

16er-Spiralblech schicka, wenn's gor koans gibt! Des find i nicht schön!" Dann hodase entschuldigt und gsagt, des war bloß a Gag, dass a weng a Stimmung is! Aso ein Depp! Bei eam is vielleicht a Stimmung und bei dem preißischen Verkäufer – bei mir ned! „Natürlich gibts koa 16er-Spiralblech!", hoda gsagt, „mit dem kannt kein Mensch wos ofanga, weil des waar ja viel z'dünn!" I brauch a 30er-Spiralblech!" Jetza konn der oane oder andere Leser vielleicht sogn, dass i bläd bin, owa i bin wieder in den Baumarkt gfohrn um a 30er-Spiralblech! Sowos gibts natürlich aa ned, owa wia soll i als Standesbeamter des wissen?! Wia i wieder hoamkemma bin, hob i gar nix gsagt und da Schreinergsell aa nix. Owa er hod eindeutig sadistisch grinst! Des is für mi der klare Beweis, dass Handwerker a Lustgfühl hamm, wenn's an Beamten zum Narrn haltn!

No entwürdigender war ja des mit dem Maurer! Des werd i nie vergessn! Mir hamm an Maurer dahoam ghabt, an Schwarzn. Also koan Näga und aa koan vo da CSU, sondern an Menschen, der wos koa Rechnung schickt und trotzdem a Geld kriagt. Bene hoda ghoaßn!
I hob auf Befehl meiner Gattin wieder zuagschaut, dasses lern und war direkt froh, wia er mi um neine um a Brotzeit gschickt hod. Weil wennst oan zwao Stunden zuaschaust, wia er an Mörtl aaf an Stoa schmiert und den Stoa dann aaf an andern Stoa, aaf den er scho vorher an Mörtl draafgschmiert hod, draaflegt, dann is des aaf Dauer ned grod spannend. De oanzige Abwechslung war, dass er ab und zu grülpst hod. Vo andere Laute mog i gor nix sogn!
Er hod zu mir gsagt: „Bringstma um drei Euro a greicherte Schweinfurter im Ganzn!" I hob mir nix dabei denkt und bin zum Metzger gfohrn. Wia i sog, i kriagert um drei Euro a greicherte Schweinfurter im Ganzn, lacht der Metzger hellaaf und fragt mi: „Is ebba da Bene heit bei dir?"
Es gibt nämlich koa greicherte Schweinfurter! Ned im Ganzn und ned in Scheiben! Es gibt überhaupt koa greicherte Schweinfurter! Alle Leit in da Metzgerei hamm glacht! Sogar da Dinterl Willi, der wo in da siebtn Klass Hauptschul' wegen Erreichens der Altersgrenze drauskemma is! Do kimmst dir vor wia ein Depp!
Und schuld is bloß mei Frau, weils allaweil sagt: „Schau zua, dassdas lernst!" Mi regt des dermaßen aaf! I daad fast sogn, i hass des!

Wahrscheinlich waare ja nervlich scho dodal firte – wenn i ned mein Traum hätt'! Der Traum, des is da Grund, warum i des alles überhaupt durchsteh! Und zwar draam i, dass i eines Tages zu meiner Frau sog: „Woaßt wos, heit gemma amol in an Striptease-Club!" Dann sagt sie natürlich: „Wos? Naa, Pfui Deifl, um Gottes Willn, do geh' i ned mit!" Dann packes am Arm, zarrs ins Auto eine und fohr mit ihr in d'Striptease-Bar. Und dann hockes auf an Stuhl in de allererste Reih' und binds fest. Und dann soge zu ihr:
„Schau zua, dassdas lernst!"

Vierter

Mi ärgert des oft, wenns beim Schifohrn oder bei da Fußball-WM oder sunst beim Sport allaweil sogn: „Leider nur Vierter geworden" oder „undankbarer Vierter"! Ja, is denn da Vierte gor nix? Für mi is da Vierte genau so bewundernswert wia da Erste und da Zwoate und da Dritte! Und drum treib i aus Protest an Sport, do is da Vierte da allerwichtigste: Schafkopf!

Weiberfasching

Also der unsinnige Donnerstag, der regt mi aaf! Wirklich! Do kemmans daher, de narrischen Weiber und schneidn dir d'Krawattn o! Des gang ja no!
Dann schreins und singens wia de Blädn! Des gang aa no!
Dann laffans den ganzn Dog in da Stod umanand, saffan Schnaps und führnse aaf wia die Axt im Walde! Des gang aa no!
Und aaf d'Nacht, do hockens dann bsuffa in de Wirtsheiser, san scharf auf jedn Mo, der wos einakimmt und schmusen mit jedem aaf Deifl kimm aussa! Des gang aa no!
Owa dass i ned woaß, wo de Wirtsheiser san, des regt mi aaf!

Väterliche Autorität

Bei uns am Stammtisch, da Ernst, der hod keine Ahnung, wenns um Ehe und Familie geht! Er is nämlich ledig und hod koa Kind, is owa sunst gsund. Er sagt allaweil: „Ihr habtses schee, ihr habts a Wei!"
I will jetza de Aussage ned kommentiern, weil mei Frau wahrscheinlich de Gschicht aa lest; owa alloans an dera Aussage segtma, dass da Ernst koa Ahnung hod! Und wos Kinder betrifft: Des is heit nimmer aso wia früher, dass da Voda sagt „aso wirds gmacht" und dann wirds aso gmacht. Heit is nämlich nimmer Frage, wias gmacht wird, sondern obs gmacht wird! Und de Antwort steht meistens aa scho fest – es wird ned gmacht! Es gibt Familien, do sagt da Voda überhaupt nix mehr, weil er praktisch bloß no geduldet is! Wia a abgelehnter Asylbewerber! Als stummer Diener! Als der, bei dem a Geld aussafallt, wennma'n schüttelt und als der, der den Abfall aussebringt, wenn er voll is (da Abfall!).

Ansonsten is er a Störfaktor, der beim Fernsehschaun extrem nervt, weil er dauernd de primitiven Nachrichten oschaun will anstatt de intellektuelle Lindenstraße oder des sozialkritische und realitätsbezogene GZSZ. Und weil er ständig des Klo blockiert, des ja eigentlich zum Schminken do is und ned zum Sch…, Entschuldigung, für d'Notdurft!

So weit is's in manchen Familien! Da Voda fungiert bloß no als Kasperl, mutiert vo da Respektsperson zur Witzfigur! Früher wars aso, do hod am Mittag da Voda als erster vo da Schüssel aussagessn! Und erst wenn er satt war, dann hamm de andern essn derfa – Frau, Kinder und sonstige Knechte und Mägde. Und heit? Heit konn da Voda de ganze Schüssel alloa fressn! Allerdings nur, wennas z'erst kocht, weil d'Frau mit de Kinder beim Shoppen is, deszweng koa Zeit zum Kocha hod und weil's dann da Einfachheit halber glei beim McDonalds essn! Leit, des san dramatische Veränderungen! Allerdings und gottseidank bloß in manche Familien!
Bei mir zum Beispiel is alles anders! Wenn mei Frau beim Shoppen is, dann brauch i ned trübsinnig dahoam umanandahocka, nein, i derf mit – zum zahln! Und bei uns gibts aa no a Kommunikation zwischen Vater und Kindern! Zum Beispiel fragt mi kürzlich mei Sohn, ob er

heit mit seine Kumpel in d'Disco geh derf. „Sohn" soge, „es is aso: Du bist erst 15 Johr old, owa i hob in dich ein Vertrauen! Und drum daad i sogn, du derfst in d'Disco geh, aber um zehne bist dahoam!" Wissns, man derf koa so a verknöcherter altmodischer Voda sei, der allaweil „nein" sagt! Man muaß in da heitigen Zeit a bisserl liberal sei; nur so entwickelt a Kind an Respekt! I sog allaweil – a Kind muaß di als Voda achten, ned fürchtn! Bei da Muada derfs ruhig umkehrt sei, de kinnans fürchtn! Owa de fürcht meistens bloß da Voda!

Mei Sohn hod dann gsagt, er find des echt guat vo mir, dass i eam des erlaub mit da Disco. „Echt cool, Dad", hoda gsagt, „owa in oan Punkt seg i a kloans Problem!"

„Wo nacha?"

„Es wird schwierig, dass i um zehne dahoam bin, weil mir genga erst um holwe elfe furt!"

Do hoda recht! Des is ned einfach, scho rein zeitlich!

Owa des mit dera Furtgeherei is vo da Zeit her heitzudogs eh a Wahnsinn! Mir samma in unserer Jugend um sieme furtganga und um elfe hoam! Mei Zahlenfolge war jeden Samstag de Gleiche: 7 – 5 – 0 – 11: Um 7 Uhr furtgeh, 5 Weißbier trinka, 0 Chancen bei de Weiber, um 11 Uhr hoam!

In da heitigen Zeit lafft des bei de junga Leit ganz anders! Um sechse wird duscht, dann wird bis holwe achte gstylt, des hoaßt acht Garniturn Gwanda probiern, achtmol sogn „zenalln, warum bin i so dick, mir passt nix, alle hamm a cools Gwanda, bloß i ned! Alle fressnd und i werd dick, des is sooo unfair! I kaafma a Messer und häng mi aaf!"

Um achte gibts a üppigs Abendessen, bestehend aus Knäckebrot mit Luftbelag, an Jogurt light und zwoa Red Bull, dassma de Nacht übersteht.

Umara holwe neine kimmt a SMS von an männlichen oder weiblichen Kumpel – des kennst vo de Namen her eh ned ausanand, weil de hoaßn heitzudogs Foodi, Groofy oder Sponk – , und in dera SMS wird gfragt, woma heit higeh kannt.

Dann wird folgende SMS zruckgschriem:

„KA DNN MK"

Des hoaßt aaf Deitsch: „Keine Ahnung, denk no noch, Mail kimmt!" I daad des normal ned versteh, owa mei Sohn hodmas erklärt. Denen glangt a Buchstabn zum kapiern! Zum Beispiel hob i oft scho gseng, dass am Schluß von ana SMS durtsteht „HDL". I hobma allaweil denkt, des is a Gaude und bedeit „Hawedere, Lalle". Derweil hoaßt des „hab dich lieb"! Des konn doch kein Mensch wissen!

Owa dasse weidaverzähl, wia des lafft mit'n Furthgeh in da heitigen Zeit.:

Um zehne kimmt dann a E-Mail und do steht drin, dass irgendwer um elfe oruaft, in wos für a Lokalität dassma geht. Und tatsächlich – der Anruf kimmt und bereits um 23.15 gehtma furt! Aso lafft des!

Owa i hob natürlich des Problem mit mein Sohn, dass er um holwe elfe furtgeh will und i möcht, dass er um zehne scho dahoam is. Schier unmöglich, des unter oan Huat zu bringa! Aber: I bin sei Voda, a Respektsperson, a Autorität, er erwartet vo mir – zu Recht – a Antwort! A Kind braucht an Voda, der eam klare Anweisungen gibt! Weil sunst irrt des Kind dodal orientierungslos durchs Leben! Und drum hob i klar und unmissverständlich zu eam gsagt: „Frog d'Mama!"

Beleidigter Superstar

Kare: Es is a Kreiz mit da heitigen Jugend! De junga Leit, de san alle so sensibel, so empfindlich! De vertrogn d'Wahrheit nimmer!

Sepp: Wia des? Moanst du jetza a konkrets Beispiel oder an Einzelfall?

Kare: Weder noch! Mei Nichte moane! 16 Johr old und nur Flausn im Kopf! Z'erst wollts a Model wern, owa do is z'kloa. Dann wollts a Tierärztin wern, owa do is z'bläd. Und jetza, jetza wills bei dem Superstar-Zeig mitdua, weils a Sängerin wern will!

Sepp: Oläck! Is des ned de Sendung, wo 30000 a erfolgloser Star wern wolln und oaner schaffts dann bloß?

Kare: Genau! Jetza pass aaf: Sagts zu mir unlängst: „Onkel Karl, derf i dir wos vorsinga?" Sog i: „No freilich Chantal! Du singst und und i lus!" So, dann hodsma vorgsunga. Und jetza is beleidigt!

Sepp:	Aso a Goaß!
Kare:	Woaßt, des wurmt mi fei scho! I lus extra und dann is beleidigt! Des wenn i gwisst hätt, dann hätt i ned glust!
Sepp:	Host ihr ebba gsagt, dass ned singa konn?
Kare:	Naa, des hob i nicht gsagt. So brutal konnma des doch an 16-jährigen Deandl ned sogn! I hob do scho a Gspür dafür, wiama sowos durch die Blume sagt, ohne dassma oan weh duat! Drum stinkts mir ja aso, dass sie jetza beleidigt is. Obwohl dass i recht dezent war!
Sepp:	Wos host denn nacha gsagt?
Kare:	Sie hod gsunga und dann hodsme gfragt: „Und Onkel Karl, wos moanst? Waar für mei Stimm a langsams Stück besser oder a schnells Stück?" Dann hob i gsagt: „Chantal! Für dei Stimm, do waar a Instrumentalstück besser!"

Zeitdifferenzen

Sie:	Do stehts in da Zeitung: „Verheiratete Männer werden älter!" Und du sagst allaweil, der Stress mit de Ehefrauen bringt eich Männer eher ins Grab! Jetza hostas schwarz aaf weiß: Ehemänner leben länger!
Er:	Do host wos falsch verstandn! De leben ned länger, denen kimmts bloß länger vor!

Halbe Sachen

Sie:	Mensch, is des heier ein Reinfall mit dem Urlaub! Schau dir de Pension o! Da Frühstücksraum, da Fitnessraum, de Wellnessoase, de Terrasse – überall wird no baut. Alles is bloß halb firte in dera blädn Pension! Des is doch eine dodale Unverschämtheit!
Er:	Jamei! Des hättst owa beim Buchen scho wissen kinna, dass alles bloß halbert firte is!
Sie:	Ja, woher hätt' denn i des wissen solln?
Er:	Es hod doch im Prospekt ghoaßn: „Halbpension"!

Bescheiden

Kare: Kreizbirnbaam, scho wieder!

Sepp: Wos scho wieder?

Kare: Gestern hammsme blitzt!

Sepp: Also Kare, des is fei nimmer normal! Di blitzns dermaßen oft! Und wos du scho zahlt host! Tausende Euro! So gseng host du den deitschn Staat finanziell scho dermaßen unterstützt!

Kare: Aaf des is gschissn!

Sepp: Woaßt wos, so gseng solltens dir eigentlich's Bundesverdienstkreiz gebn!

Kare: I waar scho froh, wennsma mein Führerschein wieder gebn daadn!

Bittere Wahrheit

Sepp: Mensch Kare, schau dir de scheena Deandln o! Ein Genuss, wenn's aso vorbeigenga in de kurzn Röckerln!

Kare: Jaja, es is a wunderbarer Anblick, scho rein optisch!

Sepp: Owa woaßt, wos des Traurige is: De san dermaßen jung! I kannt guat und gern denen ehra Voda sei! Des frustriert mi gewaltig!

Kare: Also do konn i di beruhigen! De schaun dermaßen guat aus, dass du unmöglich da Voda sei kanntst!

Fiese Gattin

Kare: Und, wia wars im Urlaub z'Jesolo?

Sepp: Noja, hod scho passt im Großen und Ganzen. Mei Frau war halt manchmal recht fies!

Kare: Wia des?

Sepp: Bloß a Beispiel: Sie hod aaf d'Nacht scho gschlaffa, do wollt i still und heimlich no nebenan in a Bar geh' aaf a

	poor Drinks! Stell dir vor, hod de mir, bevorsase higlegt hod, den Geldbeitl versteckt!
Kare:	Des is eine Sauerei!
Sepp:	Des konnst laut sogn! Hob i do bleibn miaßn! Ohne Geld bist z'Jesolo a glatter Depp! In da Bar sowieso!
Kare:	Owa denkda nix! Mei Frau war no fieser! Mit warma doch z'Bibione! Sie hod an Mittagsschlaf gmacht und i wollt mi schnell a weng am Nacktbadestrand umschaun! Hod de mir d'Brilln versteckt! Ohne Brilln bist a glatter Depp!
Sepp:	Grad am Nacktbadestrand!

Topfit

Sepp:	Schee langsam kenn i, dass i älter werd!
Kare:	Jetza hör owa aaf! Mir samma doch im bestn Alter, Sepp!
Sepp:	Schee waars! Owa es is ned aso! Schau her, es hoaßt doch allaweil, wennma älter werd, dann brauchtma nimmer soviel Schlaf.
Kare:	Hoaßts des?
Sepp:	Des hoaßts! Und i hob festgstellt, i kimm inzwischen mit sechs Stund Schlaf am Dog aus!
Kare:	Sechs Stund? Du bist ja wahnsinnig! Mit langa zwoa Stund am Dog!
Sepp:	Wos? Mit zwoa Stund am Dog kimmst du aus? Des gibts doch ned!
Kare:	Doch! I brauch ned mehr. Zwoa Stund am Dog langa locker! Und in da Nacht 11 Stund!

Peinliches Halloween

31. Oktober, 17.30 Uhr. Vater und Sohn sehen im Wohnzimmer fern. Es läutet an der Haustür.

Vater: Zefix! Wos wern denn des wieder für Fratzn sei, für greisliche?! I hass des Halloween wia die Pest! Glump, amerikanischs! Mir hamma so scheene Traditionen: Goaßmasswettsaffa, Jogging ... owa naa, dauernd miaßma des amerikanische Zeig praktiziern!

Sohn: Owa Halloween is doch cool!

Vater: Du bist aa scho dodal versaut, weils'd allaweil de amerikanischen Serien am Fernseh oschaust! „Unsere kleine Farm" und den Schmarrn!

Es läutet erneut.

Sohn: Glittn hods, Papa!

Vater: I hobs scho ghört! Jetza gehst in d'Speis, nimmst a Händ voll Gummibärln, gehst ausse vor d'Haustür, gibstas de Deppn und sagst: „Do habts wos! Und jetza schleichts eich, sunst kimmt mei gewalttätiger Voda!" Host des verstandn?

Sohn: Freilich! Soll i des wirklich sogn? Du bist doch gar ned gewalttätig!

Vater: Des is doch wurscht, daschrecks a weng! Heit is doch Halloween! Also – ab!

Der Sohn geht, der Vater sieht weiter fern. Nach kurzer Zeit kommt der Sohn wieder.

Vater: Und? Hostas aso gmacht, wiadas i gsagt hob?

Sohn: Genau aso!

Vater: Aso is recht! Wiaviel warns denn?

Sohn: Zwoa Männer! I hob eahna de Gummibärln gebn und hob gsagt: „Do habts wos!" Dann hamms gschaut und gsagt: „Vielen Dank im Namen der Kriegsopferfürsorge!" Dann hob i gsagt: „Und jetza schleichts eich, sunst kimmt mei gewalttätiger Voda!" Dann sans ab mit de Gummibärln!

Vater: Omei! Du wirst aa nimmer gscheida!

Traumdeutung

Sepp:	Do segtmas wieder, dass Träume allaweil wos bedeitn! Und zwar auch zukunftsorientiert!
Kare:	Red ned so gschwolln daher! Wia moanstn des?
Sepp:	I hob vorgestern in da Nacht dauernd vo da Zahl 25 draamt, ununterbrochen 25!
Kare:	Host du an Schlog? Wia konnma denn von ana Zahl draama? Also i, i draam von an Zwiebelrostbraten oder vo nackerte Weiber, owa doch ned von ana Zahl! Höchstens vo da Zahl 6, owa dann hintn mit „x" gschriebn! Hähähä!
Sepp:	Olter Schweinigl! I hob aaf jeden Fall vo da Zahl 25 draamt!
Kare:	Ja und? Wos war dann mit 25?
Sepp:	Jetza pass aaf: I bin gestern ins Spielcasino ganga und hob den ganzen Abend aaf 25 gsetzt. Vo achte bis um oans, nur aaf 25! Konsequent!
Kare:	Und?
Sepp:	Kemma is nicht! Ned oamol! I hob gewaltig draafzohlt!
Kare:	Ja, und wos soll der Schmarrn? Warum verzählst mir des? Dann hod doch die Draamerei überhaupt nix bedeit!
Sepp:	Eben doch! Wia i voller Zorn vom Spielcasino hoamgfohrn bin, hammsme blitzt! Und obstas glaubst oder ned: I hob genau 25 Euro zohln miaßn!
Kare:	Öha! Des wor dann praktisch a Albtraum im Voraus!
Sepp:	Im Nachhinein scho!

Ansichtssache

Kare:	Sepp, mir hamm dahoam a Problem! Familiärer Natur!
Sepp:	Ah geh!
Kare:	Ja, stell dir vor: Unser Tochter is 13 Johr old und hod scho an festn Freind! Des is doch a Witz!
Sepp:	Hostas du schee! De unser is 30 Johr old und hod no koan! Des is a Drama!

Falsche Versprechungen

Kare: Mei Wei sagt allaweil, sie fangt's Sportln o und i Depp hob
        ihr des anfangs glaubt!
Sepp: Ja und? Is doch wurscht!
Kare: Is ned wurscht, weil mi des allaweil an Haffa Geld kost!
Sepp: Aso! Inwiefern?
Kare: Vor zwoa Johrn hob i ihr noglneie Schi kafft fürn Winter!
        Und jetza? Jetza stengas seitdem unbenutzt im Keller!
Sepp: Sauerei!
Kare: Und letzts Johr hob ihr a noglneis Radl kafft fürn Summer!
        Seitdem steht des Radl in da Garage! Originalverpackt!
Sepp: Fohrts ned damit?
Kare: Kein Drodenka! Sie sagt zwar immer no, sie fangt dem-
        nächst mit Sport o, owa sie duats ned!
Sepp: Kaffst ihr jetza nix mehr?
Kare: Doch! Stecka fürs Nordic Walking! De konn i dann wenigs-
        tens für meine Tomatenpflanzen als Kletterhilfe her-
        nehma!

Erziehungserfolg

Sepp: Ha, wos is denn des heitzudogs für a Jugend? De junga Leit,
        de wolln alles hobn und zwar sofort! A „Nein" kennan de
        gar ned!
Kare: Des daad i ned sogn! Also meine zwoa Buam, de san do an-
        ders! De kennan scho a „Nein"! Wenn i zum Beispiel zu oan
        sog: „Geh zua, holma a Bier", dann sagta sofort „nein"!

Glück gehabt

Kare: Sepp, follt dir wos aaf?

Sepp: Wos? An dir oder allgemein?

Kare: Allgemein! Jetza, nach de Weihnachtsfeierdog, do gibts überall Tipps zum Abnehma! In da Zeitung, in de Illustrierten, im Radio, im Fernseh – nur Tipps zum Abnehma! Den ganzn Dog!

Sepp: Do host recht! I konns scho nimmer segn!

Kare: Gestern zum Beispiel hamms gsagt, wer über d'Feierdog a Kilo oder zwoa zuagnumma hod, der is im kritischen Bereich! Der sollert sofort ins Fitnessstudio geh!

Sepp: Ja pfui Deifl! Wo alle aso schwitzn! Des is doch grausam!

Kare: Des konnst laut sogn! Owa i hob Glück ghabt! I brauch ned ins Fitnessstudio, weil i bin ned im kritischen Bereich. I hob nämlich über d'Feierdog vier Kilo zuagnumma!

Sepp: Du Duslbauer!

Weihnachtslauf

Kare: Woaßt, wosda i sog, Sepp: I bin heilfroh, dass de Weihnachtsfeierdog ume san! Heilfroh! I pack des einfach nimmer! De ewige Fresserei, de Eikafferei, de Schenkerei, de Auspackerei, de Gefühlsduselei! Grausam!

Sepp: Do host du recht, Kare, do host du vollkommen recht! Owa am allerschlimmsten war für mi heier de ewige Rennerei! De ganzn Feierdog, drei Dog nur grennnt! Hi und her und her und hi! I waar bald durchdraaht!

Kare: Ja wia des? Host ebba an Durchfall ghabt?

Sepp: Naa! D'Fernbedienung vom Fernseh war hi und d'Frau hod an Gipshaxn!

Die Sterne lügen nicht

Sepp: I halt ja normal nix vo Horoskope, überhaupt nix!

Kare: I aa ned! Aso a Schmarrn wos des is! Wia soll denn a Stern wissn, wos i für a Lottozahl okreizln soll!? A Krampf hoch drei is des!

Sepp: Des hob i mir aa denkt, owa heier hods bei mir gstimmt!

Kare: Wos'd ned sagst!

Sepp: Wennadas sog! Am Anfang vom Johr is in mein Jahreshoroskop dringstandn: „Dieses Jahr bringt für Sie ein dickes Plus!" Und siehe da, i hob heier insgesamt acht Kilo zuagnumma!

Hohes Niveau

Nachbar: No Noel, jetza gehst ja aafs Gymnasium!

Noel: Ja, seit zwoa Wocha scho!

Nachbar: Und? Wia schauts aus? Wos host für a Gfühl? Is scho a Unterschied, ha?

Noel: Omei, Herr Meier! Im Gymnasium, do wird scho viel mehr verlangt als wia in da Grundschul!

Nachbar: Des glaub i! In Mathe und Englisch!

Noel: Naa, in da Pause! In da Grundschul hod a Leberkaassemml an Euro zwanzge kost und im Gymnasium kosts an Euro fuchzge!

Missverständnis

Patient: Und Herr Doktor? Wia san meine Werte?

Arzt: Naja, im Großen und Ganzen recht ordentlich. Aber unter uns gsagt: Moanans ned aa, mir solltma a bisserl abnehma?

Patient: Gell, Herr Doktor, des find i aa! I hobmas scho beim einageh denkt, dass Sie an gscheitn Ranzn dran hamm!

Trennungsgeld

Sepp: Narrisch werd i no mit meiner Tochter, stocknarrisch!

Kare: Warum? Is von an Preißn schwanger?

Sepp: Naa, so schlimm is ned, owa trotzdem! Stell dir vor: Wia sie 16 war, wollts unbedingt a Tattoo aaf da Hand, weil des cool is!

Kare: Wos nacha für oans?

Sepp: Ach, i woaß aa ned, irgend aso a Sänger, der wos ihr damals gfalln hod!

Kare: David Beckham?

Sepp: Ach wo, des is doch a Schauspieler! Irgend a Sänger, is ja jetza wurscht! Aaf jeden Fall war des ihra Wunsch zum 16. Geburtstag. „Okay", hob i gsagt, „i bin einverstanden, des is mei Geburtstagsgschenk!" Sie hod eine Riesenfreid ghabt und den Sänger aaf da Hand. Hundert Euro hod mi des kost! So, jetza is de Dame 18 Johr old und find den Sänger überhaupt nimmer cool. Sie sagt, der is tuntig!

Kare: Wos isa?

Sepp: Tuntig isa! Frogme ned, wos des is, aaf jeden Fall mogsna nimmer!

Kare: Des is des mit de junga Deandln! Heit aso und morgn aso!

Sepp: Genau! Und übermorgn sowieso! Jetza wills des Tattoo wieder wegmacha lassn. Hä, des kost 150 Euro! Mehr wia's macha lassn! Und wer solls zahln? Wieder i!

Kare: Wahnsinn! Des is ja unfassbar! Z'erst muaßt zahln, dassdas kriagst und dann muaßt no mehra zahln, dassdas wieder loswirst! Des konn sich kein Mensch vorstelln!

Mann: *Vom Nachbartisch:* I konn mir des scho vorstelln!

Sepp: Wos?

Mann: Dassma fürs Losbringa mehra zahln muaß wia fürs Kriagn!

Kare: San Sie ebba aa tätowiert?

Mann: Naa, gschiedn!

96

Alles zu spät

Kare: Omei, hob i mi gestern aafgregt! Aso eine Enttäuschung! Meiner Lebdog schau i nimmer in den Geldbeitl vo meiner Frau eine! Wos i do gestern gfundn hob – i bin heit no erschüttert!

Sepp: Ja um Gottes Willn! Wosn nacha, Kare?

Kare: I hob a kloans Geld braucht zum Schofkopfa und hob koans ghabt. Denkama „schaust amol in da Hildegard ihran Geldbeitl eine, eventunell hod de a poor Zehnerln und Zwanzgerln"!

Sepp: Weil de hamm meistens wos kloans drin vom Eikaffa!

Kare: Eben! I schau eine und wos glaubst, wos i seg? I hob gmoant, mi trifft da Schlog! Also i war dermaßen enttäuscht, wia mei Frau mir sowos odua konn!

Sepp: War ebba a Liebesbrief drin von an andern Mo?

Kare: Iwo! Des gang ja no! Vier Freibiermarken fürs Volksfest warn drin und des is scho seit acht Wochen vorbei!

Oma in der Geisterbahn

Oma: Des is fei nett vo dir, Ulrich, dass du mi aafs Oktoberfest bracht host! Alloa hätt i mi do nie hertraut!

Enkel: Des is a Selbstverständlichkeit, Oma! Wia i no kloa war, host du mir so oft a Freid gmacht und jetza mach i dir oane!

Oma: Dankschön, des gfreit mi! I war fei no nie in München!

Enkel: A geh!

Oma: No nie! Und obstas glaubst oder ned: Am Oktoberfest war i aa no nie!

Enkel: Des hob i mir fast denkt!

Oma: Uiuiuiui, fohrt de Geisterbahn schnell! Und wia lang de fohrt! Und wos do für greisliche Gestalten herin san! I bin direkt froh, dass du neba mir sitzt! Des is fei zum Fürchtn! Owa trotzdem: Schee is scho am Oktoberfest!

Enkel: Oma! Mir samma ja no gar ned am Oktoberfest! Des is d'U-Bahn!

Profilneurose

Kare:	Ha Sepp, warum san jetza Frauen allerweil so schnell beleidigt? De legn jedes Wort aaf de Goldwaage!
Sepp:	Do host du recht! I mog zu da mein scho gar nix mehr sogn! Weil eventuell sagst wos Falschs, dann hostas Gfetz wieder do!
Kare:	Genau! Gestern wieder! I moch an harmlosen Witz, an Gag praktisch, und scho war d'Gaude wieder firte!
Sepp:	Wos war nacha?
Kare:	Z'erst warma beim Eikaffa ...
Sepp:	Omei! Dann is alles klar! Des is a extrem streitanfällige Tätigkeit!
Kare:	Naa, beim Eikaffa war ja no alles in Ordnung! Mir hamm ja Lebensmittel eikafft, koa Gwanda! Owa noch'm Eikaffa samma no in d'Autowerkstatt gfohrn zwecks de Winterreifen. I wollt bloß nachschaun lassn, obs no in Ordnung san. Dann stengma aso vorm Auto, i, mei Wei und da Mechaniker. Dann sagt er: „Also ehrlich gsagt, wenn i des aso oschau, des Profil, des gfallt mir fei nimmer recht!" Dann hob i gsagt: „Mir aa nimmer, owa sie mocht einen hervorragenden Schweinsbraten!" Seitdem isma beleidigt!
Sepp:	Obwohls ja eigentlich a Kompliment war, schweinsbratenmäßig!
Kare:	Genau! Owa des hod de nicht begriffa!

Ehrliche Haut

Sie:	Lus amol, Anton, wos in da Zeitung steht! Do wollt a Mo aus an Geldautomat 100 Euro aussalassn. Er hod alles richtig eitippt, Geheimzahl, Betrag, Bestätigung, da Automat hod alles richtig ozoagt und dann san wega an technischen Defekt 2000 Euro aussakemma! Er hods glei in d'Bank einebracht und den Irrtum gemeldet! Amol

ganz ehrlich: Wenn dir des passiert waar, hättst du des aa gmacht?

Er: Ja sog amol, wos denkst denn du vo mir! Selbstverständlich hätt i des aa gmacht! An jedem Geldautomaten is doch a Überwachungskamera dran!

Dick und frech

Rudi: Also oans sog i dir: An Nikolaus mach i nimmer! De sollnse an andern Deppn suacha! I – nimmer!

Mane: Nimmer? Warum nimmer?

Rudi: Weil de Kinder immer frecher wern! Und wamperter!

Mane: Ehrlich?

Rudi: Owa hundertprozentig! Heier war i wieder als Nikolaus unterwegs. Kimm i in a Familie eine, hamm de ein dickes Kind! Wos hoaßt dick – unförmig! I hobma denkt: „Da Nikolaus hod einen erzieherischen Auftrag, also weist du des Kind aaf sei Fettleibigkeit hi! Dezent, aber bestimmt!"

Mane: Do host du recht! Wer solls denn dem Kind sunst sogn, wenn ned da Nikolaus!

Rudi: Eben! I sog zu dem Koloss, männlich, circa 11 Johr olt und etwa so broat wia hoch: „Du, des is fei nicht schön, dass du so dick bist!" Sagt des Kind: „Wieso?" und frisst einen Schokoriegel! Sog i: „Weil wenn man dick ist, dann ist man nicht gesund!" Dann stellt mir der Bua eine Frage, de i momentan in ihrer Bösartigkeit gar ned erkannt hob! Er fragt: „Stimmt des wirklich, Herr Nikolaus?" Und i sog: „Jawoll! Umso dicker, desto kranker!" Dann sagt er: „Du armer Niklaous! Dann bist ja du sterbenskrank!" Stell dir des vor! Aso ein Fratz!

Mane: Obwohl dass er recht hod! Also versteh mi ned falsch, owa Unrecht hoda ned!

Rudi: Hoda scho! Beim Nikolaus is doch umkehrt! Der is krank, wenn er dürr is!

Mane: Ja wenn des aso is, dann bist ja du kerngsund!

Rudi: Genau! Prost!

99

Scheinehe

Kare: Also finanziell gseng hamma mei Frau und i untereinander keine Probleme! Schau her, zum Beispiel wenn mei Wei a Kloageld braucht, dann nimmts mein Geldbeitl und duatse oans aussa. Des is für mi a Selbstverständlichkeit, do gibts überhaupt nix! So gseng führma mir a sehr tolerante Ehe!

Sepp: De mei duat mir aus'm Geldbeitl nie a Kloageld aussa, nur Scheine! So gseng führma mir a Scheinehe!

Allgemeine Einschränkung

Vater: D'Zeiten san schlecht! Und wenn i de Nachrichten aso oschau, dann schatz i, es wird no schlechter!

Mutter: Jaja, do host du recht! Man muaß vorsorgen für d'Zukunft! Wer woaß, wos no alles kimmt! I schränk mi ab sofort ei! I gib nimmer soviel Geld fürn Frisör aus!

Tochter: I schränk mi aa ei! I gib nimmer soviel Geld für mei Handy aus!

Sohn: I schränk mi aa ei! I gib nimmer soviel Geld für Computerspiele aus!

Vater: Okay, wenn's eich ihr alle eischränkts, dann schränk i mi aa ei! I gib nimmer soviel Geld für eire Weihnachtsgeschenke aus!

In der Regel hat der Leser einer Tageszeitung nicht viele Möglichkeiten, den Inhalt derselben zu beeinflussen. Doch ausgeschlossen ist es nicht! Denn es gibt gottlob die selten informative, aber immer unterhaltsame Rubrik der Leserbriefe.

Auszug aus einer Pressemeldung, erschienen im Lokalteil am Montag, dem 12. März. Es handelt sich um die Berichterstattung über eine Vereinsversammlung:

Leserbriefe

… Zum Tagesordnungspunkt „Totengedenken" stellte der Vorsitzende fest, dass erfreulicherweise kein Mitglied verstorben war. Dafür gebühre allen Mitgliedern großer Dank, da eine Beerdigung neben den unvermeidlichen tragischen Begleiterscheinungen auch Unkosten verursache. Der Kassier könne ein Lied davon singen.

Auf den Einwand eines Mitglieds, dass doch das Mitglied Kurt Hunzer verstorben sei, konnte der Vorsitzende zur Erleichterung aller berichten, dass dieser bereits im letzten Jahr und damit gerade noch rechtzeitig aus dem Verein ausgetreten ist.

Anschließend schritt man zur Neuwahl eines Schriftführers, da der bisherige Schriftführer wegen Differenzen mit dem Vorsitzenden von seinem Amt zurückgetreten war. Einstimmig wurde bei sechs Enthaltungen und vier Nein-Stimmen Josef Steiner (vulgo „Stoa-Säpp") zum neuen Schriftführer gewählt. Er nahm die Wahl an und versprach, sein Bestes zu geben. …

Leserbrief am Dienstag, den 13. März:

Also zum Artikel von gestern muss ich schon etwas sagen, weil so kann man das nicht stehen lassen! Nicht, dass es in der Öffentlichkeit so ausschaut, als wäre ich wegen einer Lappalie zurückgetreten! Im Gegenteil! Die Vorgeschichte ist wie folgt:

Der erste Vorsitzende ist bekanntlich ein Lehrkörper. In dieser Eigenschaft bleibt es nicht aus, dass er Kinder unterrichtet, darunter auch meinen Sohn Rudolf. Dieser erzielte in der letzten Mathematikprobe die Zensur fünf minus, was für ein Kind nicht leicht ist. Doch anstatt Rudolf zu trösten und zu ermutigen, dass es vielleicht beim nächsten Mal mit etwas Glück zu einer fünf plus reichen könnte, sagte er wörtlich zu ihm: „Du bist genau so blöd wie dein Vater!" Zwar nicht vor der ganzen Klasse, sondern im Vier-Augen-Gespräch nach dem Unterricht, aber immerhin! Mein Sohn, der mich bisher nahezu verehrt hat, hat durch diese flapsige Bemerkung jegliche Hochachtung vor mir verloren!

Denn wenn eine Respektsperson wie ein Lehrkörper so etwas sagt, dann glaubt es ein Kind blind! Wie stehe ich nun da?! Jedesmal, wenn ich seit diesem Vorfall Kritik, egal welche, an meinem Sohn übe, lacht er und sagt mir ins Gesicht: „Du musst ganz staad sein, denn du bist bläd!"

Auch die Beziehung zu meiner Gattin hat unter der Aussage des Lehrkörpers gelitten, denn sie gibt meinem Sohn hinsichtlich der obigen Aussage über meine Intelligenz nicht selten Recht, was mich sehr kränkt!

Ich lasse mir so etwas nicht gefallen und habe in dieser Sache Anzeige wegen Beleidigung erstattet sowie meinen Rücktritt als Schriftführer erklärt. Denn mit einem solchen Subjekt als Vorsitzenden ist eine vertrauensvolle Zusammenarbeit nicht möglich!

Konrad K.

Schriftführer n. R. (nach Rücktritt)

Leserbrief am Mittwoch, den 14. März:

Teils mit Befremden, teils amüsiert registrierte ich den gestrigen Leserbrief von Herrn Konrad K.! Befremdet, weil er mich beleidigt (in Sachen „Subjekt" behalte ich mir rechtliche Schritte vor!) und weil er eine glatte Lüge enthält! Amüsiert, weil er öffentlich zugibt, dass er sich im familiären Kreis nicht durchsetzen kann!

Gerade er, der im Wirtshaus nach einigen Halben gerne den Eindruck erweckt, als sei er der unumschränkte Herr im Hause! Folgende Äußerung, für die es Zeugen gibt, stammt von ihm: „Mei Olte howe vool im Grief!" Was mich ärgert ist die Lüge, die Herr K. im Leserbrief von sich gibt!

Ich habe zu keiner Zeit zu seinem Sohn gesagt, er sei genau so blöd wie sein Vater! Ich sagte lediglich: „Rudi, wenn du so weitermachst, dann wirst du noch so blöd wie dein Vater!" Es war also eine gutgemeinte Warnung und keine Beleidigung!

Und dass die Warnung berechtigt ist, kann ich belegen, denn ich war in der Grundschule ein Jahr lang Klassenkamerad von Herrn K., der damals noch einfach Konrad hieß und nicht Herr K.! Aus diesem Grund kann ich über seine schulischen Leistungen ein Lied singen! Ich möchte nicht auf Details eingehen, aber Folgendes ist schon bemerkenswert und der Leser soll sich selbst ein Bild machen: Herr K. ging in die dritte Klasse, als ich in die zweite ging.

Herr K. ging auch in die dritte Klasse, als ich in die dritte ging! Und Herr K. ging immer noch in die dritte Klasse, als ich in die vierte ging! Mehr brauche ich wohl nicht anzudeuten! Ein solcher Schriftführer ist ohnehin keine Zierde für einen Verein! Im Übrigen sehe ich einer Anzeige gelassen entgegen!

Richard S.
Oberlehrer
1. Vorsitzender des SV Grunzing

Leserbrief am Donnerstag, den 15. März:

So geht es nicht! Es ist eine bodenlose Unverschämtheit, dass Herr S. in seinem gestrigen Leserbrief unsere ehelichen Beziehungen kritisiert! Erstens geht es ihn einen Dreck an, was sich in unseren vier Wänden abspielt und zweitens ist das Zitat, das wo er zitiert, verfälscht! Mein Mann, den ich eindringlich befragte, hat mir glaubhaft versichert, dass er nicht „mei Olte howe vool im Grief" gesagt hat, sondern „mei Holde howe dodal lieb"! Es mag sein, dass dies im allgemeinen Wirtshauslärm falsch interpretiert wurde.

Im Übrigen muss Herr S. ganz ruhig sein, denn ihm ist scheinbar sein Nachwuchs vollkommen entglitten! Wie sonst könnte es passieren, dass seine Tochter einen Araber heiratet! Gratuliere, Herr Oberlehrer! Da haben Sie sich ja einen schönen Schwiegersohn eingefangen! Wieviele Kamele haben Sie dafür erhalten? Wir persönlich besitzen zwar keine Tochter, aber wenn, dann würde diese keinen Araber heiraten, da können Sie Gift nehmen!

Ich fordere Herrn S. auf, das Schreiben von denunzierenden Leserbriefen zu unterlassen, da er selbst im Glashaus sitzt!

Gertrud K.
Hausfrau

Wie schockierend, was uns Lesern gestern zugemutet wurde! Mich interessieren weder primitive Streitereien in einem primitiven Verein, noch möchte ich das unerträgliche Macho-Gehabe eines Mannes kommentieren, der drei Jahre seines Lebens in der dritten Klasse verbracht hat!

Was ich aber nicht dulden kann und will und werde, sind rassistische Äußerungen! Ich fordere Frau Gertrud K. hiermit auf, die negativen und sehr tendenziösen Formulierungen hinsichtlich der Partnerwahl der Tochter von Herrn Oberlehrer S. zu widerrufen! Wenn diese feindseligen Äußerungen über die Ehe zwischen deutschen Frauen und Männern aus dem orientalischen Kulturraum nicht aus der Welt geschaffen werden, werde ich Anzeige wegen Volksverhetzung erstatten! Sehr bedauerlich finde ich auch, dass eine seriöse Zeitung einen solchen Schmutz überhaupt abdruckt!

Edeltraud Al Yassyr-Donhauser
Dipl.-Sozialpädagogin (FH)
Vorsitzende der Interessengemeinschaft
„Lustgewinn durch Aladin e.V."

Anmerkung der Redaktion am Samstag, den 17. März:

Wir weisen aus gegebenem Anlass ausdrücklich darauf hin, dass Leserbriefe die Meinung des Verfassers, keinesfalls aber die Meinung der Redaktion wiedergeben! Insofern weisen wir die Kritik von Frau Dipl.-Soz.Päd. (FH) Al Yassyr-Donhauser an unserer Zeitung zurück!

Leserbrief am Samstag, den 17. März:

Heute ist Samstag. Seit Dienstag dieser Woche steht jeden Tag ein Leserbrief in der Zeitung wegen einem totalen Schmarrn! Abgesehen, dass mir Leute, die Leserbriefe schreiben, von Haus aus verdächtig sind, halte ich es für eine Unverschämtheit, die Öffentlichkeit mit seinem privaten Käse zu belästigen! Ich persönlich habe in meinem ganzen Leben noch keinen Leserbrief geschrieben und werde dies auch nie tun!

Es ist mir vollkommen wurscht, ob irgend ein kreuzblöder Schriftführer zurücktritt oder nicht! Es ist mir auch wurscht, ob sein Sohn genau so blöd ist oder wird wie er! Und es ist mir schon dreimal wurscht, ob der kreuzblöde Schriftführer daheim der Chef ist oder seine Gertrud oder ob er sie im Griff hat oder lieb! Der siebengescheite Oberlehrer kann mich übrigens auch kreuzweise! Der Gipfel war aber die ganz Andere in der gestrigen Ausgabe! Sie hat mit ihrem Araber-Schmaatz dem Ganzen die Krone aufgesetzt! Den Araber möchte ich sehen, der für so ein Horn auch nur ein Kamel zahlt! Ich nicht, und ich bin nicht einmal einer!
Armes Deutschland!
Franz Krakauer
Metzgermeister

Anmerkung der Redaktion am Montag, den 19. März:

Zum Leserbrief des Herrn Franz Krakauer vom 17. März haben uns vier weitere Leserbriefe sowie drei Beleidigungsanzeigen erreicht. Um eine weitere Eskalation zu vermeiden, werden wir zu diesem Thema keine Leserbriefe mehr veröffentlichen. Die Beleidigungsanzeigen haben wir wegen Unzuständigkeit zurückgesandt. Wir empfehlen den Anzeigeerstattern, den Zivilrechtsweg zu beschreiten. Sollten sich daraus Gerichtsprozesse entwickeln, werden wir selbstverständlich und wie immer aktuell darüber berichten!

Hat man die Zeit und vor allen Dingen die Nerven, sich alle Fernsehsendungen zum Thema Schönheit, Schlanksein und Outfit anzutun, dann kommt man unweigerlich zu folgendem Schluss: Alle Menschen sind schön! Unschöne Menschen gibt es nicht (außer mir, aber ich war schon immer etwas Besonderes)! Jeder hat das Zeug zum Star! Bei manchem bzw. mancher sieht man die Schönheit nur nicht auf Anhieb, weil sie sich falsch kleiden, schminken oder ernähren.

Doch diese Menschen haben Glück! Sie müssen sich heutzutage nicht mehr wie früher übergewichtig, mit Knollennase oder Birnenbusen, mit Hängelidern oder Hühneraugen, mit Segelohren oder Pferdezähnen durchs Leben schleichen, denn gottseidank gibt es den

Styling-Coach

Coach:	*In holprigem Deutsch mit hörbarem holländischen Einschlag:* Hi susammen! Hallou, liebe Fernsehsuschauer! Mein Namen is Jan van der Kacken und ich bin euer Styling-Coach! Ich bin heute unterwegs in die Fußgängersone in Cologne bzw. Köln und suche swei Girls, die bereit sind, sich complete neu stylen su lassen! In mein normale Leben berate ich Promis in Stylingfragen wie sum Beispiel de Schweizer Volksschauspielerin Erna Vaduz. Die Erna war vorher eine ganz normale Schauspielerin, aber durch de richtige Styling wurde sie su eine Star! Und das könnt ihr alle werden! Ouh! Da haben wir swei susse Girls! Hallou, ihr beiden!
Girl 1:	*Kichernd:* Oh, isch werd verrückt! Der iss vom Fernsehen! Cool! Is das'ne Umfrage oder so?
Girl 2:	Shit! Ich bin nicht geschminkt!
Coach:	Da bist du ja bei mir gouldrichtig! Wir mache de ultimative Styling-Check!
Girl 1:	Du kommst mir so bekannt vor. Irgendwie.
Coach:	Das is gut möglich! Ich bin de beruhmte Styling-Coach Jan van der Kacken! Ihr kennt mich vielleicht von de erfolgreiche Doku-Soap „Mein Lid hat einen Schatten!" oder von meine Talk-Show „Kacken am Abend"!
Girl 2:	Wow! Jan van der Kacken! Stark! Machst du'n Casting?

Coach:	Nee! Ich mache euch ein Super-Angebouten! Ihr bekommt von mir eine kostenlose Styling-Beratung wie eine Promi! Face, Hair und Outfit! Alles trendy und stylisch! Und jetzt kommt de Hammer: Ihr musst nix besahlen!
Girls:	*Vor Freude hüpfend:* Suuper!
Coach:	Macht ihr mit?
Girl 1:	Klaro! Ich wollt immer schon mal aussehen wie ein Promi! Ey Promis sind so cool! Ich möchte so gern ein Promi sein!
Girl 2:	Und ich hab immer so Probleme mit meiner Figur! Ich bin sooo fett! Ey, das nervt mich voll ab!
Coach:	Ach komm! Das würde ich nicht sagen! Das is alles eine Frage des Stylings!
Girl 2:	Ehrlich, oder?
Coach:	Lass dich uberraschen! Aber suerst mal habt ihr schon was gewonnen!
Girl 2:	Wow, ich schnall ab! Was denn?
Coach:	De nigelnagelneue CD vom moldawischen Chart-Stürmer Juri Winzheimer! Ihr kennt ihn vielleicht noch nicht, aber in Moldawien rockt er schon de große Hallen!
Girl 1:	Ey supi, 'ne CD!
Coach:	Ja, de nigelnagelneue von Juri Winzheimer! Merkt euch diese Name: Juri Winzheimer! Auch ihr zu Hause! Der geht ab wie ein Zäpfchen! *Hält Juri Winzheimers CD in die Kamera.* Und das is seine nigelnagelneue CD! Sie heißt „Sprnak Anat'ol!"
Girl 1:	Ey cool! Was heißt'n das auf deutsch?
Coach:	Gute Frage! Das is ein toutal romantisches Liebeslied! Sou Herzschmerz und sou. Merkt euch den Titel: „Sprnak Anat'ol"! Auf deutsch heißt das „Wenn ich gewusst hätte, dass du im Weinkeller mit Anatol geschlafen hast, hätte ich ihn nicht geheiratet!" Is das cool, Girls?
Girl 2:	Voll cool! Danke schön!
Girl 1:	Wahnsinn! Die is ja handsigniert, die CD!
Coach:	Ja logo! Juri is ein Star zum Anfassen! Der hat nicht abgehoben! Aber nun würde ich sagen: Come on! Gehen wir als erstes zu einem Promi-Hair-Stylisten! Ich verspreche euch: Der Mann hat gouldene Hände! Die Promis gehen bei ihm ein und aus!

Girl 1:	Cool! Wer zum Beispiel?
Coach:	Ach, das sind dermaßen viel, da fällt mir jetzt konkret gar keiner ein! Du kennst ja das Sprechwort: Man sieht die Wald vor lauter Bäume nicht! Sou gehts mir mit den Promis, die in diesem Laden verkehren!
Girl 2:	Wahnsinn!
Coach:	Yeah! Und der Meister selbst wird euch hochstpersonlich de Hair stylen! Hier sind wir schon! Come in, Girls!

Die drei betreten ein Frisörgeschäft, das auf den ersten Blick aussieht wie ein Frisörgeschäft. Dass es ein Hair-Styling-Palace ist, erkennt man nicht ohne Weiteres. Der stark gepiercte und tätowierte Inhaber sieht relativ verbraucht aus. Er begrüßt sie höflich, aber doch mit erkennbarem Stolz ob seiner Prominenz. Auf dem Fernsehschirm erscheint die Einblendung: „Sindbad Döner, Promi-Coiffeur & Society-Experte".

Girl 1:	Wow! Cool! Und hier werden Promis frisiert?
Sindbad:	Nicht frisiert, junge Dame! Gestylt! Frisieren ist out, stylen ist in! Fashionmäßig ist Styling voll im Trend! Ein Promi lässt sich nicht einfach „frisieren"!
Girl 2:	*Zu einem älteren Kunden:* Sind Sie'n Promi?
Kunde:	*Erschrocken-genervt:* Wat? Mein Name ist Heinz Kachuzke! Ich bin Rentner!
Sindbad:	*Leicht irritiert:* Natürlich haben wir auch „Normalos" als Kunden! Mein Motto ist immer: „Niemals abheben! Immer das Ohr am Volk haben! Auch wenn ich mit den Promis auf Du und Du bin!" Das war immer schon mein Motto. Nur so bleibt man im Business!
Girl 1:	Cool!
Coach:	So! Nehmt Platz, ihr swei Sußen! Wie heißt ihr denn eigentlich?
Girl 1:	Sandy!
Girl 2:	Ich bin die Mandy!
Coach:	Sandy und Mandy! Wie süß! So, Sandy und Mandy! Jetzt wirds ernst! Sindbad, sag uns: Was hast du vor? Was machst du mit den beiden Girls? Was geht ab? What is trendy?
Sindbad:	*Während er prüfend über die Haare der Mädchen streicht:* Okay, lass mich die Sache kurz checken! Also, die Strähnen hier bei Sandy …

Girl 2:	Mandy!
Sindbad:	Bei Mandy! Also die Strähnen sind ein absolutes No-Go! Die müssen weg!
Girl 2:	*Schockiert:* Was? Die hamm ein Vermögen gekostet!
Girl 1:	Aber wennse halt nun mal'n No-Go sind! Wenn du aussehen willst wie'n Promi, dann weg damit! Mensch Mandy!
Girl 2:	Okay! Wenns'n No-Go is!
Sindbad:	Keine Angst! Dafür mach ich dir Extensions dran! Die sind ein absolutes Must! Ihr würdet nicht glauben, wenn ich euch sagen würde, wer von den Promis Extensions trägt!
Girl 2:	Wer zum Beispiel?
Sindbad:	Fast alle!
Girl 2:	Cool! Ich freu mich schon tierisch! Extensions! Ey, crazy, ey!
Girl 1:	Voll der Style!
Coach:	Alles easy, Girls, alles easy! Keep cool!

Da die Arbeit eines Frisörs, auch wenn er unter „Promi-Coiffeur" firmiert, keinen allzu hohen Unterhaltungswert besitzt, wird nun Werbung eingeblendet. Nach wenigen Werbeminuten ist Sindbads Werk vollendet und die Mädchen sehen sich bzw. ihr verändertes Haupthaar erstmals im Spiegel.

Coach:	Und? Was sagt ihr zum neuen Look?
Girl 2:	Cool! Ey, ich raffs nicht! Voll die Extensions! Ey Sandy, schau mal!
Girl 1:	Wow! Du siehst voll stylisch aus! Ich werd nicht mehr! Ey, wenn das dein Ex sehen würde, der wo dich wegen der Candy verlassen hat!
Girl 2:	Die dumme Sau!
Coach:	Nana, Mandy, das wollen wir aber nicht gehört haben! Und wie gefällt dir dein neuer Hair-Style, Mandy?
Girl 2:	Ich bin voll perplex! Ich kann gar nix mehr sagen. Für mich ist das voll der Promi-Look! Echt geil!
Coach:	Da kann ich nur sagen: Sindbad – wie du das wieder gemacht hast! You are the best!
Sindbad:	*Stolz-gönnerhaft:* Das sind Peanuts! Aber schön, wenns den Girls gefällt!

Coach:	Okay! Dann sagt mal schön danke zum Chef, Girls! Und dann gehts ab zum Schminken! *Begeistert:* Ach, is das heute wieder eine geile Sendung!
Girls:	*Gemeinsam:* Danke zum Chef!
Sindbad:	Oh, i love you! Bleibt sauber! Bussi! *Umarmt sie distanziert.*
Coach:	So, jetzt aber los! Time is money! Wir mussen noch zum Schminken! Und dann ein neues Outfit besorgen for euch swei Hubschen!
Girl 1:	Das is wie'n Traum!
Girl 2:	*Mit Tränen in den Augen:* Endlich hab ich auch mal Glück im Leben!

Es folgt ein Kameraschnitt. Die Mädchen und der Styling-Coach befinden sich in einem Beauty-Salon, die Mädchen sitzen bereits auf Stühlen, eine ältere Dame mit einem auffallend jugendlichen Kleid hantiert in ihren Gesichtern herum.

Coach:	So, hier sind wir nun im Reich der Schönheit, in the land of beauty sozusagen! Und hier die Inhaberin dieses Reiches, Desiree van der Schnalln, man nennt sie auch „the queen of the faces", die Königin der Gesichter! Desiree, du bringst de Beauty in die Gesicht von viele Promis! Erzähl mal! Was war die letzte Act? Welche Stars hast du zuletzt verschonert?
Desiree:	Ja, hallo Jan! Du hast recht! Die Reichen und die Schönen gehen bei mir ein und aus! Ich kenne sie alle und alle kennen mich! Obwohl ich nicht so aussehe, ich bin schon 30 Jahre in diesem Business! Viele berühmte Schauspieler wie Manfred Eisenheim, Kurt Reisholz oder Kunigunde Schribbe! Oder auch Sänger wie der unvergessene Anton Drs oder die Chansonette Rachel Binder-Pforzheim! Sie waren alle hier!
Coach:	Wer kennt sie nicht!
Girl 1:	Also ich nicht!
Coach:	Macht nix! Desiree, was war deine letzte Act?
Desiree:	Erst gestern habe ich die Prinzengarde vom Karnevalsverein KV Hinteren geschminkt!

Coach:	Wow! Und schon heute dürfen Mandy und Sandy hier Platz nehmen! Mandy, Sandy: Ist das nicht eine Riesenehre for euch?
Girl 1:	Echt cool!
Girl 2:	Ich komme mir vor wie Paris Hilton!
Coach:	Das wundert mich nicht! Desiree, wie sind die Beauty-Trends in diesem Jahr? What's in, what's out? Was sagen die Trend-Scouts?
Desiree:	Ja, man geht wieder back zu die Seventies! Colour, Farbe, easy living! Farbe is wieder voll trendy! Rot und Pink sind die Main-Trends, aber auch Apricot is very stylish!
Coach:	Und hier bei Mandy? Was passt zu ihrem Type? Wie stylst du ihr Face? Welchen Look meinst du steht ihr?
Desiree:	Ja gut, Mandy is von de Figur her eher barock!
Girl 2:	Ich habs ja gesagt, ich bin sooo fett!
Coach:	Mandy, so kann man das nicht sagen! Wie groß bist du bodymäßig wenn ich fragen darf?
Girl 2:	Also so 152 Zentimeter!
Coach:	Ja gut, das is nicht very groß! Und wie schwer? How much Kilos?
Girl 2:	83 Kilo!
Desiree:	Wie ich schon sagte: Eher barock!
Girl:	Aber mit Slip! Ohne bin ich leichter!
Coach:	Is klar! Und wie gehst du jetzt darauf ein, Desiree? Wie stylst du Mandy, dass die barocke Figur ein bissche kaschiert wird? Kann man das mit Face-Styling uberhaupt machen?
Desiree:	Jaja, geht ganz easy! Wichtig ist in diesem Fall: Not too much! Weniger ist mehr, verstehst du? Too much is in diesem Fall ein Fashion-Killer!
Coach:	Ich habs gecheckt! Not too much! Desiree, ich bewundere dich! Aus dir spricht voll der Profi! Kompliment! Dann mach mal die Sandy und Mandy zu Beauty-Queens! Und nach der Werbung sehen wir, was Desiree aus den Gesichtern unserer Girls gezaubert hat! Ich bin ja schon sou gespannt, ihr Lieben!
Girls:	Wir auch!

Nach der Werbeunterbrechung sieht man die beiden Mädchen fertig ge-
schminkt. Sie sehen aus wie vorher, halt nur geschminkt.

Coach:	Wow! Ick werd verruckt! Sitzt da Sharon Stone oder was?
Girl 2:	*Kichernd:* Nee, ich bins, die Mandy!
Coach:	Das is ja crazy! Wow, wow, wow! Desiree, ich ziehe mein Hut vor dir! You are the best! Absolut crazy! Was du aus Mandy gemacht hast! Und du Sandy, wie gefällst du dir?
Girl 1:	Ich finde mich auch super! Danke Desiree!
Desiree:	*Stolz und gönnerhaft:* No problem girls!
Coach:	Vielen Dank for dich, Desiree! Du bist eine ganz Große in dein Fach! Du machst aus Girls Diven! Congratulations! Bis zum nächste Mal and thank you sou much, meine Liebe! Und jetzt kommt, ihr beiden, jetzt gibt es ein neues Outfit for euch!
Girls:	Ey super! Ein neues Outfit nur für uns! Cool, cool, cool! Tschüssi Desiree! Und danke nochmal!
Desiree:	Bleibt sauber, Sisters! And don't forget: The trend is your friend!

Bildwechsel: Der Styling-Coach und die beiden Mädchen betreten eine Bou-
tique, deren Name man deutlich lesen kann, da der Inhaber des Ladens die
ohnehin sehr billige Sendung gesponsert hat. Der Chef höchstpersönlich
begrüßt die Ankommenden mit Handschlag. Er wirkt sehr feminin.

Coach:	Hi Jean-Luc! Das sind Sandy und Mandy! Wie du sehen kannst, sind sie hairmäßig and facemäßig schon topge-stylt und absolutely up to date! Jetzt fehlt ihnen nur noch ein trendy Outfit mit ein paar stylischen Accessoirs. Kannst du uns da weiterhelfen?

Es wird in Großaufnahme der dezent geschminkte Jean-Luc eingeblendet
und darunter die Inschrift „Jean-Luc Housmeyster, Promiausstatter &
Trendsetter".

Jean-L.:	Aber sischer kann isch das! Wenn isch der High Society aus dem Film- ünd Fernsehbusiness elfen kann, dann

	werden wir ausch für die beiden Mademoiselles etwas Schickes finden, oder was meinst du, Jan, mein Schatz?
Girls:	*Kichernd:* Für die High Society! Cool!
Coach:	Jean-Luc, mein liebes Mädchen, was sind heuer trendmäßig die Musts? Gibt es News aus der Fashion-Scene? Was kommt aus New York, was hört man aus Paris?
Jean-L.:	Lass es misch so sagön: Erlaubt ist, was gefällt! Der individuelle Style des Einzelindividuums bestimmt den Trend, der ja im Prinzip gar nischt vorhanden ist, weil stylisch ist, was trendy ist und trendy ist, was den kongruenten individuellen Style definiert! Kurz gesagt: Niemand muss ein Fashion-Victim sein! So einfach ist das!
Girl 1:	Cool!
Girl 2:	Find ich auch! Der hats drauf!
Coach:	Jean-Luc, man merkt einfach sofort: Du bist immer top-informiert! Always up to date! Und jetzt hilf den Girls bitte beim Power-Shopping! Zeig ihnen, was ihren Look zur Geltung bringt! Kreiere ihren Style! Und ich bin mir sicher: Swei Girls haben diesen trendy Shop betreten, swei Beautys werden ihn verlassen!
Jean-L.:	Aber naturalement, Jan, mein Süßer!
Coach:	Kannst du uns noch verraten, welche Promis zuletzt bei dir gekauft haben?
Jean-L.:	Oh, verschiedene! Aus Kunst, Kultür und Politik! Erst letzte Woche war die Frau des Umweltministers von Karatschanda bei mir und hat zwei Kleider gekauft für ihre Köchin!
Coach:	Da sieht mans wieder: Die Top-Society will nicht nur selbst einen guten Look haben, auch die Angestellten müssen im Trend liegen! Ach Jean-Luc, ich beneide dich! So, und wir schalten kurz in die Werbung und dann schauen wir, was Jean-Luc aus unseren beiden Girls gemacht hat! Ich bin sicher, das wird der Hammer!

Nach einer Werbepause sieht man die beiden Mädchen mit neuem Gewand aus dem Laden kommen. Beide sehen anders, aber bei Gott nicht besser aus als vorher. Die neue Kleidung betont die körperlichen Nachteile der beiden extrem. Insbesondere die korpulente Mandy quillt aus einem bauchfreien

Top hervor. Dieses ist pink-, um nicht zu sagen schweinefarben und trägt die Aufschrift „Lovely Little Lady". Ein zu enger Rock vervollständigt das peinliche Ensemble.

Sandy trägt ein farbenfrohes Kleid aus den siebziger Jahren, kniehohe weiße Stiefel aus der selben Epoche und ein Strickkäppi, was den dämlichen Gesamteindruck noch steigert. Die Kleidung wirkt an ihr, als käme sie direkt aus der Altkleidersammlung.

Coach:	Sou, Mandy und Sandy, jetzt is eine Stunde vergangen! Wir waren beim Hair-Stylisten, bei der Face-Queen und in der absoluten Trendboutique! Was sagt ihr zu euerem neuen Look?
Girl 1:	Voll super! Ich hätte nie gedacht, dass ich so etwas tragen kann! Ich fühle mich wie ein Star oder so! Cool!
Coach:	Ich freu mich mit dir! Du bist sou eine schone Mädchen! Und mit de neue Outfit kommt das voll zur Geltung! Und du, Mandy?
Girl 2:	*Gerührt:* Ach, ich bin sooo glücklich! *Fällt dem Coach um den Hals und weint vor Glück.* Endlich weiß ich, dass ich auch schön sein kann! Danke Jean-Luc!
Coach:	Ich bin de Jan! Vor lauter Freude bringst du alles durcheinander, Liebling!
Girl 2:	Ich bin ganz groggy! Danke Jan! *Fällt ihm erneut um den Hals.*
Coach:	Sou! Und jetzt mache wir de ultimative Dating-Test!
Girl 1:	Was?
Coach:	De ultimative Dating-Test! Wir sprechen einfach swei Jungs an und fragen sie, ob sie euch daten möchten! Mal sehen, wie sie auf eueren neuen Style und den supercoolen Look reagieren!
Girl 2:	Oh nein, das trau ich mich nicht! Einfach so zwei Boys ansprechen! Oh nee!
Coach:	Keine Angst! Das mache ich für euch! Mal sehen … hmm … aah, da kommen schon swei dufte Typen! Die sprechen wir mal an, die Dreamboys!
Girls:	*Nervlich am Ende:* Ogottogottogottogott!

Zwei relativ verwahrloste jüngere Männer kommen rauchend und in Rapperkleidung des Wegs. Einer schafft es trotz Zigarette im Mund, einen Döner zu essen und einen Energy-Drink zu schlürfen, was eine gewisse Körperbeherrschung erfordert. Beide tragen ein Kopftuch wie Bauernmägde aus alten Heimatfilmen und Turnschuhe, schätzungsweise der Größe 52.

Coach:	Hey Jungs! Mal'ne Frage!
Junge 1:	Was geht ab, Alter?
Junge 2:	Wo is dein Problem? *Man erkennt während des Redens sein schadhaftes Gebiss.*
Coach:	Seht euch mal diese beiden Girls an!

Die jungen Männer mustern die Mädchen, nicht ohne dabei mehrmals von der Zigarette zu ziehen. Dem einen fällt auf Grund einer kurzen Unkonzentriertheit ein Großteil der Füllung aus dem Döner, was er mit einem „Fuck" kommentiert.

Junge 1:	Und weiter?
Coach:	Würdet ihr diese Girls spontan daten?
Jungs:	*Gleichzeitig genau so überzeugt wie angewidert:* Nnnäää!

Die Jungs gehen grußlos weiter, einer wirft die nahezu leere Dönerhülle kurzerhand auf den Boden. Man hört noch ein fernes, zweistimmiges Rülpsen.

Coach:	Seht ihr, Mädels! Der neue Style zeigt schon Wirkung! Die waren von euerem neuen Look dermaßen beeindruckt, dass sie sich nicht getrauten, euch spontan zu daten. Ihr wart denen zu schön!
Girls:	Cool!
Coach:	Sou, das wars wieder einmal von uns! Ich freue mich, dass ich swei süße Girls glucklich machen konnte! Denn wie heißt es in der Bibel: Das Gluck, dass du anderen bringst, kommt doppel surück! In diesem Sinne danke fürs Suschauen und bitte schalten sie auch nächste Woche wieder ein! Wir haben ein brandheißes Thema mit vielen sensationellen Facts, es heißt „Dessous für Tiere"! Bis dann!

Einer der Höhepunkte im Jahreslauf eines rührigen Vereins ist das Abhalten einer Faschingsfeier! Nicht nur im Rheinland, auch in Bayern versteht man, derlei spaßige Anlässe gebührend zu feiern! Frohsinn und Heiterkeit erfüllen die Vereinsgaststätte, der Alkohol fließt in Strömen und schon an den phantasievollen Kostümen erkennt man: Es ist wieder einmal

Kappenabend

Vorstand: Ja hellau, liebe Vereinsmitglieder und alaaf! Ich begrüße euch alle sehr herzlich zu unserem lustigen Kappenabend! Mein besonderer Gruß gilt unserem Bürgermeister, der sich aus dringenden terminlichen Gründen entschuldigen lässt und natürlich unserem Ehrenvorstand Sepp Semper, der wie immer ein Cowboy ist! Sepp, guat schaust aus!

Semper: Hugh, ich habe gesprochen!

Vorstand: Des war jetza mehr a Indianer!

Semper: Is doch wurscht!

Vorstand: Do host aa wieder recht! Ausgstorbn sans eh alle zwoa scho, da Cowboy und da Indianer!

Semper: De hammse gegenseitig ausgrott'!

Vorstand: Aaf jeden Fall freit es mich narrisch, dass ihr wieder so zahlreich erschienen seid! Während wir bei den normalen Monatstreffen nur durchschnittlich fünf Anwesende san, haben heute sage und schreibe elf Personen den Weg ins Vereinslokal „Zum dummen Deifl" gefunden! Dies zeugt davon, dass unser Kappenabend einen großen Anklang findet, was mi gfreit!

Kare: Weils alle Johr a Riesengaude is! Wenn a Gaude is, dann gehtma gern hi, oder? Oder ebba ned?

Alle nicken begeistert. Mitglied Rudi wirft vor überschäumender Faschingslaune eine Luftschlange in die überschaubare Menge und schreit „juchuuu!".

Vorstand: Rudi, super! I derf aber bitten, dassma de Luftschlangen und die Papierkugerln ned sinnlos umeinanderwirft,

	weil dann kinnmas naxts Johr wieder als Tischdekoration verwenden!
Rudi:	Oh, Entschuldigung! Des hob i ned gwisst!
Vorstand:	Kein Problem Rudi! A weng a Stimmung schad nix!
Semper:	Eben! Do suachma uns an Sponsor, der soll dann neie Luftschlangen spendiern. Dann wird d'Vereinskasse gschont!
Kassier:	Des waar a Sach'!
Vorstand:	Aaf jeden Fall is des ganz toll, dassma wieder so gmiatlich und so schee maskiert beianander sitzn! Besonders gfreits mi, das aa drei weibliche Mitglieder den Weg zu uns gefunden hamm! Elfriede, Lore, Gertraud – griaß eich, alle drei! Schee, dass ihr do seids! Und eine wunderbare Verkleidung habts eich ausgsuacht! Seids Piraten, ha?
Elfriede:	Naa, de drei Musketiere!
Gottfried:	Wos für Tiere?
Lore:	Musketiere!
Gottfried:	Kenne ned! Owa ausschaun duats ned schlecht! I daad sogn, jetza trinkma an Schnaps aaf unsere Muskeltiere! Karin, bring zwölf Bluatwurz! Elfe für uns und du trinkst aa oan mit! Sollst aa ned leben wia a Hund!
Bedienung:	Zwölf Blutwurz! Kemman sofort!
Gottfried:	*Zu Jörn:* Sauber schauts wieder aus, d'Karin! Des is holt a Bedienung, do woma gern amol wos bstellt!
Jörn:	Det kann man wohl sagen! Und det Jebirge in ihrer Bluse is ooch nich von schlechten Eltern! Ick würde sagen, da wäre man gern mal'n Bergwanderer, wa? Du weeßt, wat ick meene!
Gottfried:	I hör di scho geh, Jörn, du olter Lüstling! Des is des, wos i an dir mog: Du bist zwar a Preiß, owa du host schnell begriffa, um wos dass geht! Prost, Ostgote, greislicher!
Jörn:	Prösterchen, Jottfried! Trinken wir no a Moaß!
Vorstand:	Nur ein Schwein trinkt allein! Drum daad i sogn, ein gemeinsames Prosit der Gemütlichkeit is fällig! Also, die Krüge … hoch!

Alle erheben ihre Krüge und man singt auf einem niedrigen künstlerischen Niveau „Ein Prosit der Gemütlichkeit", begleitet von einem betagten Zieh-

harmonikaspieler, der in der hintersten Ecke des Gastzimmers sitzt. Nach einem kräftigen Schluck ergreift erneut der Vorstand das Wort.

Vorstand: Halt, jetza hättes fast vergessn: I derf bei dera Gelegen-
            heit natürlich auf das Herzlichste unseren beliebten Zi-
            achspieler Veit Stanz begrüßen, der wo uns wie immer
            kostenlos aufspuit! Veit – scho jetza ein sakrisches Ver-
            geltsgott und i daad sogn, an kräftigen Applaus!

Alle klatschen und werfen Veit wohlwollende Blicke zu.

Veit: Basst scho!
Vorstand: Und natürlich begrüße ich auch den Ferdl von der Presse,
            der uns hoffentlich wieder einen schönen Bericht über
            den öffentlichen Teil schreibt. Ferdl, servus!
Ferdl: Griaß eich!
Semper: So Veit, jetza hau eine! Spui auf, dasse wos rührt im Kar-
            ton! Owa ned z'laut, dassmase no unterhaltn konn! Weil
            mir samma ja zwecks da Unterhaltung do! Nix für un-
            guat, Veit, owa woaßt scho!
Veit: Basst scho!
Semper: Genau! Du kennste ja eh aus!

Veit Stanz spielt bekannte Schlager in erträglicher Lautstärke.

Bedienung: So, do waarn de zwölf Bluatwurz! *Verteilt die Spirituosen.*
Vorstand: So, hod jeder an Schnaps? Dann daad i sogn: Prost! *Man
            trinkt.*
Kare: A Bluatwurz is einfach a Bluatwurz!
Jörn: Nicht übel, det Jetränk!
Semper: A direkte Medizin! Karin, bring no zwölfe! Und dir aa
            oan! Des lockert a weng aaf! Do wirds gmiatlicher!
Bedienung: Owa bei de zwölf bin i scho dabei!
Semper: Und da Veit? Dem vergunnst ebba koan?
Bedienung: Omei, freilich, da Veit! Den hob i jetza ganz vergessn!
            Entschuldige, Veit!
Veit: Basst scho!
Semper: Also zwölf plus oans, summa summarum waarn des dann
            dreizehn Blutwurzeln!

Bedienung: Alles klar!

Vorstand: So, schee langsam kemma zum Höhepunkt des öffentlichen Teils! Da Heinz hat wie alle Jahre wieder einige Huderln zusammengschriebn und sie in Versform gebracht! Heinz, bist soweit?

Kare: Jetza kimmstma erst: Heinz, wo host denn du heit dei Wei? De is doch aa Mitglied!

Heinz: De is beim Betriebsfasching vo da Raiffeisenbank! Do gibts heit Krapfen umasunst und do bringts allaweil sechse, sieme mit! De san ideal zum Kafä!

Jörn: Det sind bei uns in Berlin Pfannkuchen!

Gottfried: Omei, es is a Kreiz mit eich Preißn! A Pfannkuacha is ja wos ganz wos anders! Wenn da Mensch an Krapfn und an Pfannkuacha ned unterscheidn konn, dann faahlts weit!

Jörn: Wat haste jesagt, Jottfried?

Gottfried: Is scho recht! Prost Jörn! Wennst moanst, nacha isst holt du zum Kafä an Pfannkuacha! *Mit charmantem Blick zu den drei weiblichen Vereinsmitgliedern:* Prost, die Damen!

Elfriede, Lore und Gertraud erheben ihre Apfelschorlen und prosten Gottfried und Jörn freundlich zu.

Vorstand: Also, wia scho gsagt, da Heinz hod wieder a poor Verserln vorbereitet und de hörma jetza! Heinz, auf gehts! Veit, spui an Tusch, dass d'Leit staad san! Bei so Massenveranstaltungen is einfach allaweil a gwisser Lärmpegel! Pssst, lusts auf!

Veit: Basst scho!

Spielt mit der Ziach einen Tusch. Heinz steht mit einem Zettel in der Hand und einer Narrenkappe auf dem Kopf auf. Er ist zaundürr, trägt jedoch ein T-Shirt mit der lustigen Aufschrift „Tausende von Bieren formten diese Wampe". Mit einer kleinen goldenen Glocke läutet er seinen Vortrag und damit den Höhepunkt des öffentlichen Teils ein.

Heinz: Heier sind wir wieder mal beisammen,
die Herren und die Dammen,
das ist eine Riesenschau,
drum ein donnerndes Helau!

Veit spielt ein „Tätäää", alle klatschen begeistert.

Rudi: Wias eam no immer aso eifollt, dem Heinz! Wahnsinn!

Gottfried: Entweder des konn oana oder des konn oana ned!

Kassier: I kannts ned!

Bedienung: Do waarn jetza de 13 Bluatwurz!

Vorstand: Heinz, kurze Unterbrechung! Das Volk dürstet! Do woaß
i aa a Gedicht!
Ein Schnaps ist eingetroffen,
der wird sofort gesoffen!

Rudi: Karin, tu ihn her,
dann sauf ich ihn gleich leer!

Semper: Ja kruzenäsn! Lauter Dichter und Denker!

Alle lachen und prosten sich mit den Schnäpsen zu.

Vorstand: Aah, des duat guat!

Semper: I sogs doch: A direkte Medizin!

Vorstand: Owa ehrlich! So Heinz, weida gehts! Hau no a poor Ver-
serl ausse!

Heinz: Sowieso! Also:
Über jeden weiß ich was,
ha, das ist ein Riesenspaß!
Und bin ich auch manchmal recht gemein
soll mir keiner böse sein!

Veit spielt „Tätäää".

            Da wär zuerst der Rudi zu nennen …

Semper: Rudi, jetza hoda di in da Reißn!

Rudi: Psssst!

Heinz: Da wär zuerst der Rudi zu nennen,
den wir alle persönlich kennen,
Zwiebeln sind seine Lieblingsspeise,
drum riechts in seinem Schlafzimmer Schei … komisch!

„Tätäää", alle lachen.

120

Kare:	Rudi, host des ghört? Eigentlich wollt er „Scheiße" sogn! Des hättse nämlich greimt! Lustig, ha?
Rudi:	Noja, sooo lustig war des aa wieder ned!
Lore:	Owa stimma duats! Des hod mir dei Frau verzählt, Rudi!
Elfriede:	Mir hodses aa verzählt!
Gertraud:	Mir aa!
Rudi:	*Leicht frustriert:* Ja super! Dann bin i ja beruhigt, wenn's allgemein bekannt is!
Heinz:	Duade ned owe, Rudi! Jeder kimmt dro! Du hostas scho überstandn! Also, passts auf:
	Kommen wir zum Vorstand jetzt,
	der immer umeinanderfetzt,
	weil niemand zur Sitzung kommen tut,
	das findet er gar nicht gut!

„Tätäää". Das Gelächter über den sehr holprigen Reim hält sich in Grenzen.

Heinz:	Den Kassier, den muss ich preisen,
	er tut jedes Jahr aufs Neu' beweisen,
	dass er mit Geld umgehen kann,
	drum ist er unser wichtigster Mann!

„Tätäää", mäßiges Gelächter.

Kassier:	Des hoda letzts Johr aa scho über mi gsagt! Der kanntse aa amol wos Neis eifolln lassn!
Gottfried:	Jamei, du warst ja letzts Johr aa scho Kassier!
Kassier:	Heinz! Lass dir holt amol wos Neis eifolln!
Heinz:	*Gereizt:* Dann schreib holt du de Verserl, wennst so gscheit bist!
Vorstand:	Jetza duade ned owe, Heinz! Da Kassier hods ja ned aso gmoant! Karin, bevor do a schlechte Stimmung aafkimmt: Bring no 13 Bluatwurz!
Karin:	I bring glei 26, weil da Chef hod gsagt, oa Rundn geht aafs Haus!
Vorstand:	Aa ned schlecht! Also Heinz, moch weida!
Heinz:	Soll i wirklich? Oder passts oan ned?

Alle reden beruhigend und besänftigend auf Heinz ein und fordern ihn zum Weitermachen auf. Auch der Kassier hat sich in Erwartung der kostenlosen Schnäpse wieder beruhigt.

Heinz: Der Kare ist recht klein gewachsen,
denn er hat zu kurze Haxen,
doch ein Körperteil ist bei ihm groß,
das freut sein Weib, die Anneros'!

„Tätäää", Riesengelächter.

Kare: *Stolz:* Super Heinz! Und absolut die Wahrheit! *Noch grö-ßeres Gelächter.* Wenn i sog, die Wahrheit, dann is des die Wahrheit! Karin, bring dem Heinz an Schnaps extra!
Heinz: An sakrischen Dank, Kare! So, weida gehts!
Ich muß es natürlich wagen
Und auch über die Damen etwas sagen,
Elfriede zum Beispiel ist schlank und groß
Sie schaut fast aus wie die Kate Moss!

„Tätäää", anerkennendes Gelächter und gierige Blicke der anwesenden Herren in Richtung der attraktiven Elfriede.

Elfriede: *Errötend:* Ach Heinz! Du allaweil!
Heinz: Wos wohr is, derfma sogn! Elfriede, du bist einfach a Su-per-Maus! Oder Manner?

Alle Männer stimmen lauthals zu, bruchstückhaft sind sogar unflätige Bemerkungen heraushörbar.

Vorstand: Ruhe! *Grinsend:* Saubärn!
Heinz: So, de naxte waar dann unser Lore!
Dann haben wir die Lore noch,
sie ist ungefähr so breit wie hoch!
Doch Lore, tu nicht traurig sein,
dafür ist dein Charakter fein!

„Tätäää", ermutigendes Gelächter in Richtung der allseits beliebten und beleibten Lore.

122

Lore:	Jamei, mir schmeckts holt! Apropos: Karin, i kriagert an Schweizer Wurstsalat an an Schwarzwaldbecher mit Sahne! Und wennstma zu dem Wurstsalat drei Brezn bringa kannst! Und a groß' Cola! Owa light!
Bedienung:	Alles klar, Lore! Owa jetza bring i z'erst amol de 26 Blutwurz!
Vorstand:	Ja, wenn's no grod scho do waarn! Uns dürscht! So Heinz, jetza bist du wieder dran!
Heinz:	Also i kimm jetza zur Gertraud. Gertraud, für di hob i ganz wos Romantisches! Do wirst schaun!
Gertraud:	*Geschmeichelt:* Do bine gspannt, Heinz!
Heinz:	Die Gertraud ist ein Rasseweib, unersättlich ist ihr Unterleib. Sie sorgt für Stimmung im Verein, wenn einer will, sagt sie selten „Nein"!

„Tätäää", Gelächter, gemischt mit gespielter Empörung.

Heinz:	Stark, ha?
Gertraud:	Also Heinz! So schlimm is aa wieder ned! Du stellst mi ja hi, als waar i dodal mannernarrisch!
Heinz:	Gertraud, du woaßt ja, wias gmoant is! Oder, Leit? Mit kennmas doch alle, unser Gertraud! Der oane mehr, da andere weniger! Nix für unguat, Gertraud!
Karin:	So, do waarn jetza de 26 Schnaps!
Vorstand:	Des passt! De trinkma jetza alle aaf unser Gertraud! Weils einfach an Gspoaß versteht! Und des is in da heitigen Zeit ned selbstverständlich! Heit muaßt ja scho Obacht gem, wennst zu oana sagts „geht wos oder geht nix?"; weil wenns dumm geht sagts, du hostas ogmacht! Owa bei da Gertraud faahlt do nix! Karin, gib an jeden zwoa, dann trinkmas! Veit, hau schnell a „Prosit" aussa aus deiner Quetschn!

Die Schnäpse werden verteilt, unter Prositrufen und Musikbegleitung leert man die Gläser und nickt der willigen Gertraud freundlich zu, zumindest die anwesenden Herren. Lore und Elfriede blicken etwas säuerlich drein, da Gertraud offenbar deutlich begehrter ist als sie beide.

Heinz:	So, weida gehts! Aus aktuellem Anlass howe fürn Gott-fried wos dicht:
	Der Gottfried ist ein braver Mo,
	trotzdem ist ihm sein Wei davo.
	Das ist natürlich zwider,
	doch schlimmer wärs, sie käme wieder!

„Tätäää", abwartendes Lachen mit Blick zu Gottfried. Als dieser auch lacht, folgt ein allseitiges befreiendes Lachen.

Vorstand:	Gottfried, tu dich nicht hinab! De kimmt scho wieder!
Gottfried:	Davo geh i aus! Bis jetza is immer wieder kemma. Owa schee langsam wirds wirklich Zeit, weil i hob bloß no oa frische Unterhosn dahoam!

Alle lachen anerkennend, da Gottfried trotz angespannter familiärer Situa-tion seinen Humor und auch seinen Sinn für die wichtigen Dinge des Lebens nicht verloren hat.

Vorstand:	Aso kennman, unsern Gottfried! Immer lustig und ven-til! Karin, bring glei no a Rundn, dassma aaf sei Wohl und die baldige Heimkehr seiner Madam trinka kinna! Alles Guade, Gottfried! Und wennst amol einsam bist: D'Gertraud is aa no do!
Gertraud:	*Kokett:* Also naa!
Vorstand:	Jamei, i sog ja bloß! So Heinz, hammas jetza alle durch?
Heinz:	Naa, übern Jörn howe no wos und übern Veit aa.
Vorstand:	Ja dann – auf gehts!
Heinz:	Der Jörn, der tut aus Preißen stammen,
	drum hat er einen komischen Vornammen,
	doch sonst konnt er sich schnell anpassen,
	er verträgt schon sieben Massen!

„Tätäää", zufriedenes Gelächter, weil es in so kurzer Zeit gelungen ist, ei-nen an sich Fremden zu integrieren.

Jörn:	Det freut mich kolossal, dat ihr mir so wohlwollend uff-jenommen habt! Und dassde dir extra die Mühe jemacht

	hast, für mich'n Jedicht zu schreiben! Nochmals tausend Dank, Heinz!
Heinz:	Gern gschehn, Jörg! Do bist oana vo uns und aus! So, und jetza zu unserm Musikus! Veit, für di howe aa wos gschriebn! Hoffentlich gfolltsda!
Veit:	Basst scho!
Heinz:	Jetza lus:
	Dort hinten sitzet voller Freid
	Unser Musikant, der Veit!
	Er ist unser größtes Glück,
	weil er macht Musik!

Veit vergisst vor lauter Ergriffenheit das „Tätäää".

Vorstand:	*Gerührt:* Wunderbar! Also wirklich – wunderbar! Besser konnmas ned sogn! Ha Veit, wos sagst jetza do dazua? Hod dir unser Heinze ned ein wunderbares Gedicht gschriebn? Ha, Veit?
Veit:	Basst scho!
Vorstand:	Genau! Basst, wackelt und hod Luft! I daad sogn, jetza trinkma a Prost auf unsern Haus- und Hofdichter Heinz! Heinz, es war wieder eine Schau! Des muaßma einfach kinna! Und mit dein dummer Gschau, do wirkt des erst so richtig! Super, Heinz!
Heinz:	Dankschön! Vielen Dank für eier Aufmerksamkeit!
Semper:	Ja Moment! Und i?
Vorstand:	Wos „und i"?
Semper:	Worum wird über mi nix gsagt? Immerhin bin i Ehrenvorstand!
Vorstand:	*Gespielt erschüttert:* Ach du Schreck! Des is natürlich ein Fauxpax! Hm … wos machma do?
Semper:	*Beleidigt:* Also, des find i fei ned schee! Über alle hoda wos gschriebn, bloß über mi ned! Guade Lust hätt i und gang aaf da Stell hoam!
Vorstand:	*Lachend:* Ja Sepp! Spinnst du? Glaubst denn du, mir hamm di vergessn? Unser Ehrenvorstand! Für di hamma heier ganz wos Bsonders!
Semper:	*Erfreut-gespannt:* A geh! Wosn nacha?

Vorstand: Ein Lied! Extra für di a Liad! Da Heinz hod den Text dicht
             und für uns alle kopiert. Und jetza Sepp, jetza singmas
             für di. Do wirst schaun! Also, seids so weit?

Alle nicken und lächeln Sepp gönnerhaft zu.

Vorstand: Veit, du woaßt Bescheid! Du spuist de Melodie vom Kuf-
             steinlied und mir singma den Text vom Heinz. Host du
             des drauf?
Veit: Basst scho!

Veit spielt die Melodie des Kufsteinliedes und alle singen:

Kennst du den Semper, den Ehrenvorstand?
Er ist so zünftig und allseits bekannt!
Umrahmt von Bieren, so friedlich und still,
ja das ist Semper, er trinkt ziemlich viel,
ja das ist Semper, er trinkt recht viel!

Alle klatschen begeistert ob ihrer eigenen Sangesleistung.

Vorstand: Ha Sepp, wos sagst jetza?
Semper: *Sehr gerührt:* Also so wos Scheens! Des vergiß i eich nie!
             Veit, Heinz, an narrischen Dank! Und natürlich eich alle
             – an ganz an herzlichen Dank! *Kopfschüttelnd und mit Trä-
             nen in den Augen:* Also naa!
Vorstand: Des gfreit mi, wenns dir aso recht war, Sepp! Des host
             verdient! So, und jetza daad i sogn, da öffentliche Teil is
             ume! Jetza gemma in den gemütlichen nichtöffentlichen
             Teil über. Karin, bring 13 Glühwein! Und Gertraud, du
             sitz di bittschön zum Gottfried hi, dass er ned ins Sin-
             niern kimmt! Duana a weng ablenka!
Gertraud: Wennst du des sagst!
Gottfried: Des moan i scho aa!
Vorstand: Bei unserem Pressemenschen Ferdl darf ich mich sehr
             herzlich bedanken und gleichzeitig verabschieden, weil
             wia gsagt, der gemütliche Teil is nichtöffentlich! Ferdl,
             dankschön! Und die Zech zahlma natürlich mir! Karin,

	wos hoda ghabt, unser Schreiberling?
Karin:	A kloans Wossa!
Vorstand:	Schreibs mir affe, des zohl i privat, dass unser Vereins-kasse a weng gschont wird!
Ferdl:	Dankschön! Also nacha, pfüat eich!

Der Pressevertreter geht, Karin macht sich auf den Weg, 13 Glühwein zu holen und die Feier nimmt ihren Lauf. Bestimmt gäbe es über den gemütlichen Teil noch einiges zu berichten, aber wie der Vorstand schon sagte: Leider ist dieser Teil nichtöffentlich!

Ausgleich

Bürgermeister:	Liebe Frau Moser, verehrter Herr Moser! Im Namen der Gemeinde darf ich Ihnen sehr herzlich zur Goldenen Hochzeit gratulieren! Alles Gute und bleibens gsund!
Moserin:	Dankschön, Herr Buagamoasta!
Bürgermeister:	50 Jahre in Freud und Leid vereint! Des is heitzudogs nimmer selbstverständlich!
Moserin:	Do hamms recht, Herr Buagamoasta! Es is a Kreiz mit dera Scheiderei! Mir hamm zwoa Kinder und de san insgesamt scho dreimol gschiedn! Jamei, wos willst macha!
Bürgermeister:	Jaja, fast jede zwoate Ehe wird geschieden! Hamm jetza Sie a Rezept für 50 Jahre Harmonie?
Moser:	No freilich! Des Geheimnis is da Ausgleich zwischen de Ehepartner! Bei uns zwoa wars immer fifty-fifty: Wennma verschiedener Meinung warn, dann hob zu 50 Prozent i nochgebn und bei de andern 50 Prozent hodse mei Wei durchgsetzt!

Wenn jemand seine Aggressivität nicht bremsen kann und einen anderen haut, dann wird er zu Recht bestraft. Wenn er sich mehrmals nicht im Griff hat und mehrmals einen haut, dann wird er mehrmals bestraft. Und wenn er es dann noch nicht kapiert, wie man sich unter gesitteten Menschen benimmt, dann wird ihm professionelle Hilfe zuteil, weil ja die Strafe offenbar nicht hilft. Ein Psychologe analysiert das Denken des schwarzen Schafes und dessen unselige Neigung, Argumente nicht geistig, sondern körperlich auszutauschen. Der Anton (Name rein zufällig!) zum Beispiel ist ein notorischer Raufbold. Er stand schon öfter vor dem Richter und jetzt ist es soweit: Anton hat beim Volksfest in der Bar des Bierzeltes einem Mitmenschen zu einem Nasenbeinbruch verholfen, obwohl dieser das gar nicht wollte. Nun muss er sich psychologisch therapieren lassen. Damit er beim Psychologen nicht so allein ist und vor allem, damit er sich benimmt, begleitet ihn sein Bewährungshelfer Uwe. Es kommt zur ersten Begegnung zwischen

Psycho und Anton

Anton und Uwe betreten das Behandlungszimmer. Anton kaut Kaugummi und setzt sich breitbeinig auf den Stuhl vor dem Schreibtisch des Psychologen. Sein offenbar selbst gestaltetes Tattoo auf dem Unterarm („Lieber krepirn als studirn!") ist deutlich sichtbar, da er zur Jeans nur ein weißes Unterhemd trägt. Uwe nimmt auch Platz, allerdings in kultivierter Haltung.

Psychologe: *Mild:* So – hallo zusammen!

Uwe: Guten Tag!

Anton: D'Ehre Psycho!

Uwe: Anton, Mooooment! So nicht! Sie sollen sich hier einer psychologischen Behandlung unterziehen! Da können Sie nicht damit beginnen, indem Sie den Herrn Doktor mit „D'Ehre Psycho" begrüßen! So gehts nicht!

Psychologe: Nein, lassen Sie ihn nur! Das ist für mich sehr interessant! Herr Anton, wenn ich Sie so nennen darf …

Anton: Frale!

Psychologe: Wie bitte?

Anton: Freilich!

Psychologe: Danke! Herr Anton: Sie wissen, warum Sie hier sind?

Anton:	Ja klar! Da Uwe do, des is mei Bewährungshelfer, der hod gestern zu mir gsagt, dassma heit do her fohrn! Und drum samma do!
Uwe:	Wir hatten einen Termin vereinbart!
Psychologe:	Jaja, ist schon klar! Ich wollte aber auf etwas anderes hinaus! Herr Anton, Sie haben vielleicht meine Frage nicht richtig verstanden: Was meinen Sie ist der Sinn Ihres heutigen Besuches bei mir in der Praxis?
Anton:	Ja, wennst des du ned woaßt! Hob i studiert oder du?
Uwe:	Äh, Herr Doktor, nur zu Ihrer Information: Anton duzt jeden! Er kennt kein „Sie"!
Psychologe:	Aahh, das ist bemerkenswert! Eine gewisse Distanzlosigkeit in der persönlichen Kontaktaufnahme! Das erlebt man oft bei Menschen, die zu destruktiven Emotionen neigen!
Anton:	Wos?
Psychologe:	Herr Anton, haben Sie etwas dagegen, wenn ich Sie sieze?
Anton:	Ha?
Psychologe:	Wenn ich Sie zu Ihnen sage!
Anton:	Iwo! Kein Problem! Sog ruhig „Sie" zu mir, des mocht mir gor nix aus!
Psychologe:	Das freut mich! Wissen Sie, wichtig für den Therapieerfolg ist es, dass wir beide auf einen gewissen gemeinsamen Level kommen, eine Kommunikationsbasis zueinander finden, eine Parallelität unserer Denkebenen!
Anton:	Da Richter hod gsagt, i muaß do her geh, weil sunst wire eigspirrt!
Uwe:	Anton! Seien Sie nicht so vorlaut!
Psychologe:	Lassen Sie ihn nur! Er soll ruhig äußern, was ihn bewegt!
Anton:	Seg i aa aso! Also Uwe: Ruhe!
Psychologe:	Ich habe mir Ihre Akten angesehen. Es scheint ja so zu sein, dass Sie, was das Opfer Franz Fromm betrifft, eine durch nichts motivierte körperliche Aggressivität an den Tag legten.
Anton:	Naa, des stimmt ned! I war scho motiviert! Owa aggressiv ware ned! I hob eam bloß oane gschmiert, dassna hinter d'Theke vo da Bar hinterezund hod. Also mehr war eigentlich ned. A Aggressivität howe do nirgends gseng!

Psychologe: Hmm …, lassen Sie mich mal so fragen: Was hat Sie bewogen, Herrn Fromm zu schlagen? Kam der Schlag mehr aus dem Bauch heraus oder war Ihr Gehirn dafür verantwortlich?

Anton: Moment, langsam! Jetza bringst owa wos durchananda! Mei rechte Hand war dafür verantwortlich, mit dera howe zuaghaut! Doch ned mit mein Bauch! Und mitn Hirn scho zwoamol ned! Wia soll denn des geh? A Bauch konn doch ned zuahaun! Also Psycho, des glaub i war jetza a ganz a bläde Frage, wennst mi fragst!

Uwe: Mensch Anton! Das hat doch der Herr Doktor nicht gemeint!

Psychologe: Lassen Sie nur, Herr Uwe! Geduld! Wir sind noch nicht auf einer gemeinsamen Ebene, der Herr Anton und ich!

Anton: No ned?

Psychologe: Nein, im Moment noch nicht! Ich kann Ihre Gedankenströme noch nicht nachvollziehen. Konkret gefragt: Wieso haben Sie Herrn Fromm mit der Faust ins Gesicht geschlagen?

Anton: Wieso? Aso halt! Weils aso ned geht! Aso wiase der in da Bar vom Bierzelt aafgführt hod, aso führtmase ned aaf! Der hod ja direkt bettelt um a Watschn!

Psychologe: Interessant! Inwiefern gebettelt?

Anton: I steh aso in da Bar und denkma: „Noja, jetza hob i scho sechs Wodka Red Bull trunka, jetza glangts! Jetza trink i amol an Bacardi-Cola!" In dem Moment, wo i mir des denk, kimmt der Fromm in d'Bar eine.

Psychologe: Aha! Kennen Sie Herrn Fromm?

Anton: Woher soll denn i den kenna? I kenn den ned, der is ja gar ned vo do! Normal hätt' mi ja der Mensch überhaupt ned interessiert! Verstehst? Aso a Mensch, der geht mir normal am Arsch vorbei, weil mir der wurscht is!

Psychologe: Ja, aber warum haben Sie ihn dann ohne Vorwarnung geschlagen?

Uwe: Ja wieso? Das würde mich auch interessieren!

Anton: Jetza passts aaf, all zwoa, es war aso: I steh do, der kimmt eina und schaut zu mir her. Ehrlich! I hob dem nix do, owa trotzdem hoda hergschaut! I denkma „ja sog amol,

wos is denn mit dem los, wos hod denn der do zum her-
schaun?"

Psychologe: Hat Sie das irritiert? Es ist doch völlig normal, dass ein
Mensch schaut! Was soll er denn sonst machen?

Anton: Vo mir aus schaut der soviel wos er mog! Owa nicht zu
mir her! Des is mei Ding, mei Privatsphäre oder wiama
do sagt. Und außerdem – i hobna gwarnt! Weil des wos
do da Richter gsagt hod, dass der Fromm arglos war, des
stimmt ned, weil i hobna gwarnt!

Psychologe: Ah ja! Wie meinen Sie „gewarnt"?

Anton: I hob gsagt zu eam: „Schau ned so bläd, sunst fangst
oane!" Do gibts Zeugen dafür, dass i des gsagt hob!

Psychologe: Und dann?

Anton: Jetza kimmts! Anstatt, dass er sich entschuldigt, weil er
aso gschaut hod, streit er des eiskalt ab! „I schau ja gor
ned!" hoda gsagt. Hä, wo samma denn? I hobma denkt, i
hör ned recht! Woaßt, wenn mi oana oschaut, des regt
mi scho aaf! Owa wenn i oan dabei in flagranti dawisch
und er gibts ned zua, dann werd i zum Tier!

Psychologe: Und dann haben Sie zugeschlagen?

Anton: Naa, i hob eam sogar nomol a Chance gebn! I hob gsagt:
„Willst du mi verarschen, du Halbaff? Du host eindeutig
zu mir hergschaut, do gibts Zeugen dafür!" Dann sagt er:
„Lassma doch mei Ruah!" Eiskalt! Und dann wars bei mir
aus! Woaßt, wenn i mit oan vernünftig red und er sagt
„lassma mei Ruah", dann konn i mi nimmer haltn! I hob
eam dann oana gschallert, dassna draaht hod! Hä, den
hods aso grissn – momentan host gmoant, der hod's
Gsicht hintn!

Uwe: *Kopfschüttelnd:* Das darf doch nicht wahr sein!

Anton: Gell, des sagst du aa! Des is owa wohr! Solchane Deppen
wia den Fromm gibts wirklich! De san real!

Psychologe: Nein, Ihr Bewährungshelfer meinte das anders! Aber egal
– ich möchte nur verstehen, warum Sie zugeschlagen ha-
ben! Ich muss ganz ehrlich sagen, ich begreife nicht,
wieso Sie wegen so einer Bagatelle, eigentlich wegen gar
nichts, einen Menschen schlagen.

Anton: Des verstehst du ned? Dann samma mir zwoa no ned am
gleichen Level!

Psychologe: Nein, bei Gott nicht! Versuchen wir mal einen anderen Ansatzpunkt! Sie sagten, Sie hatten zum Zeitpunkt der Tätlichkeit bereits sechs hochprozentige Getränke intus.

Anton: Wodka Red Bull! Wos Feins!

Psychologe: Haben oder hatten Sie schon mal Probleme, was Alkohol betrifft?

Anton: Überhaupt ned! No nie! Immer, wenn i an Alkohol braucht hob, war oana do. Do hods no nie Probleme gebn! Des konn i beschwörn! Alkohol – null Problem! Also wennst amol an Bedarf host – i hob immer wos dahoam!

Uwe: *Kopfschüttelnd:* Das gibt es doch nicht!

Anton: Doch, ehrlich! Da Alkohol geht mir nie aus!

Psychologe: Lassen wir das mit dem Alkohol, das führt meiner Ansicht nach zu nichts! Jetzt gehen wir mal tiefer in die Psyche! Hatten Sie an diesem Tag im Vorfeld Ärger mit jemandem?

Anton: Im Vorfeld ned, owa im Maisfeld! I war mit meiner Maschin' unterwegs, a 500er Kawasaki und hob dringend schiffa miassn. I fohr vorschriftsmäßig rechts ran, stell mei Kawa hi, geh in a Maisfeld eine und schiff. Schiffe aso vor mi hi, kimmt mittndrin da Bauer aaf an drum Bulldog daher und schreit, i Dregbär sollme schleicha. „Des is mei Maisfeld und ned dei Scheißhaus!" hoda gschrien. Also sowos Ordinärs! Des hod mir gscheit gstunka, aa psychisch! Soll i vielleicht in d'Hosn schiffa? Owa i hob nix gsagt, weil der Bulldog war mir dann doch zu massiv. Woaßt, wenn oana so aggressiv daherred wia der Bauernfünfer – so oana is im Stand und fohrt über mei Kawa drüber! I hob dann eipackt und bin weidagfohrn. Mitn Schiffa war i eh scho firte. Owa gstunka hodsma gscheit!

Psychologe: Aha! Unterdrückter Ärger! Und war das das einzige Ärgernis an diesem Tag oder haben Sie noch etwas Negatives erlebt?

Anton: Hm …, halt, ja genau, jetza wosdas sagst! Vorher im Bierzelt, also bevor dass i in d'Bar eine bin, bine aso duatgsessn und hob a Mass trunka. Und am Nachbartisch san vier Super-Weiber gsessn! Mittleres Alter, so zwischen 15 und 17. Also wirklich – do hättst du aa mit da Zung gschnalzt!

Psychologe: Ja, aber das war doch eher ein positives Erlebnis!

Anton: Ja Moment! Jede vo de vier Weiber hod einen Tschamsterer dabeighabt!

Psychologe: Einen was?

Uwe: Einen Freund! So sagen die einfacheren Menschen zu einem Freund beziehungsweise Geliebten!

Anton: Merce Uwe, dassdas eam erklärt host! Aaf jeden Fall hod mir des gstunka, dass de alle vier an Tschamsterer dabeighabt hamm! Weil in dem Fall geht natürlich nix! I hob zwar kurz überlegt, ob i ned oan vo de Tschamsterer vom Tisch owehau, des war eh bloß aso a Schwindsuchtspiraln, owa wer woaß, wia sei Weiberts reagiert hätt! Aaf d'Letzt hätts ihr gor ned passt, dann hätt' i wieder koa Chance ghabt. Do war einfach vo Haus aus da Wurm drin!

Psychologe: Sie hatten also ein hormonell bedingtes Bedürfnis auf zwischengeschlechtlichen Kontakt!

Anton: Naa, so anspruchsvoll bin i ja gor ned! A Weiberts hättma scho glangt!

Psychologe: Jaja, schon klar! Und weil keine der Damen verfügbar war, haben Sie sich geärgert!

Anton: Des derfst glaubn! Ja okay, oane waar no duatgsessn, de hod koan Tschamsterer dabeighod. I mog jetza ned ins Detail geh, owa de hättst du aa ned gnumma! Ja pfui Deifl! Gega de schaut ja dei faltige Sprechstundenhilfe an da Rezeption no guat aus!

Psychologe: Ich darf doch sehr bitten! Das ist meine Frau!

Anton: Beileid!

Uwe: Also Anton!

Anton: Naa, er duatma wirklich leid, da Psycho! Mit so einem Gstell verheirat' sei, des is ned leicht!

Psychologe: Es ist nicht richtig, Menschen nur nach ihrem Äußeren zu beurteilen oder gar zu verurteilen!

Anton: Des Äußere waar mir ja wurscht gwen, owa ausgschaut hods einfach greislich!

Uwe:	Also Anton, mit Ihnen hat mans wahrlich nicht leicht!
Anton:	*Leicht ungehalten:* Jetza misch di holt du ned dauernd eine! Bist du da Psycho oder der do?
Psychologe:	Beruhigen Sie sich, Herr Anton, beruhigen Sie sich! Mir wird jetzt einiges klar! In Ihnen stauen sich unbewältigte Frustrationserlebnisse auf, bis eine gewisse Toleranzgrenze überschritten ist, und die Entladung erfolgt dann über eine an sich ungerechtfertigte körperliche Aversion. So war es auch im Falle des Herrn Fromm!
Anton:	Gschmiert hob eam holt oane!
Psychologe:	Eben! Um es in Ihren einfachen Worten auszudrücken. Aber das geht nicht, Herr Anton! Das können Sie nicht machen!
Anton:	Doch, des hob i scho kinnt! Des war eigentlich gor ned schwaar! Des konn jeder, mit a bisserl an guadn Willen!
Psychologe:	*Erstmals leicht genervt:* Ich meine das doch nicht vom Können her! Ich meinte es von der gesellschaftlichen Akzeptanz her! Es wird gesellschaftlich nicht akzeptiert, wenn man einen Menschen schlägt, nur weil er einen ansieht!
Anton:	Ned? Ja, worum ned? Wo kemma denn do hi, wenn mi a jeder oschaun derf? I bin doch koa Fernseh!
Psychologe:	Herr Anton! Ich sehe schon – wir zwei sind noch lange nicht auf dem selben Level! Zu Ihren Ansichten habe ich vom psychologischen Ansatz her keinerlei Zugang!
Uwe:	*Frustriert:* Ich auch nicht! So ein Verhalten übersteigt meine Vorstellungskraft!
Anton:	*Missmutig:* Misch di halt ned dauernd ei! Aso kemma da Psycho und i nie aaf oan Level, wennst du dauernd dazwischenquatscht! Jetza reißde amol zamm! Host denn du überhaupt koa Selbstbeherrschung?
Psychologe:	Herr Uwe, da muss ich ihm Recht geben! Ich darf Sie doch herzlich bitten, Ihre persönlichen Kommentare zu unterlassen!
Anton:	Segstas! I hobdas glei gsagt! Host du wos mit de Nerven oder wos?
Uwe:	*Kleinlaut:* Entschuldigung!
Psychologe:	So, nachdem ich nun weiß, dass Ihre Aggressionen die Folge von angesammeltem nicht verarbeitetem Ärger ist,

	habe ich einen Vorschlag: Packen Sie Ihren Ärger doch einfach in ein Ärgerkästchen!
Anton:	Wo hi?
Psychologe:	In ein Ärgerkästchen! Immer wenn Sie sich über etwas ärgern, sagen Sie zu sich selber: „Dieser böse Ärger kommt in mein Ärgerkästchen und da soll er verrotten und verschimmeln! Ich will diesen blöden Ärger nicht mehr sehen!"
Anton:	Der bläde Ärger, der bläde! Dem schmiere oane!
Psycholge:	Genau! Konzentrieren Sie Ihren Zorn auf den Ärger! Sperren Sie ihn ein!
Anton:	Stark! Ja, und wo kriagtma aso a Kastl?
Psychologe:	Nein, Sie haben mich missverstanden! Das Kästchen können Sie nicht kaufen; das ist nicht bei Ihnen zu Hause, sondern imaginär!
Anton:	Im Aginär? Wo isen des?
Psychologe:	Es ist wirklich sehr anstrengend mit Ihnen! Imaginär, das heißt, nur in Ihrer Vorstellung! Das Kästchen denken Sie sich nur!
Uwe:	Stellen Sie sich doch nicht dümmer als Sie sind!
Anton:	Bi du staad! Da Psycho hodsda scho gsagt, du sollst di ned dauernd eimischn! Also Psycho, wenn i des richtig seg, dann moanst du, wenn mi wos ärgert, dann soll i den Ärger in des Kastl in mein Kopf einedua!
Psychologe:	Genau! Langsam verstehen Sie mich! Ich bin guter Hoffnung, dass wir heute doch noch auf einen gemeinsamen Level kommen!
Anton:	Ja, owa do hätt i jetza no a Frage!
Psychologe:	Gerne! Fragen Sie ruhig! Dafür bin ich ja da!
Anton:	Amol angenommen, mi ärgert oana. Zum Beispiel folgende Situation: I steh am Fußballplotz und neba mir schreit oana ned für mei Mannschaft, sondern für de ander, also praktisch ein offener Affront! Sowos ärgert mi gewaltig! Und den Ärger soll i dann in des Kastl in mein Kopf einespirrn?
Psychologe:	*Erleichtert:* Ganz genau!
Anton:	Soll i den einespirrn, bevor i dem andern Deppn oane gschmiert hob oder nochher?

Psychologe: *Verzweifelt:* Herr Anton! Das gibt es doch nicht! Sie sollen doch dem Mann kleine „schmieren"! Das ist doch der Sinn des Ärgerkästchens!

Anton: Achso! Fürs Ärgern is praktisch dann bloß no des Kastl zuständig, nimmer mei rechte Händ'?

Psychologe: Genau! Alles rein ins Kästchen!

Anton: Mei liawa, des is owa ned einfach! Wenn des voll is! Dann zreisstses! Und des in mein Kopf! Also i woaß ned, ob des ideal is, wenns in mein Kopf a Kastl voller Ärger zreisst! Obs ned doch gscheida waar, i hauert dem oane owa? Weil dann waar dem sei Kopf beschädigt und ned da mei!

Uwe: *Völlig verzweifelt:* Um Gottes Willen! Da ist ja Hopfen und Malz verloren!

Anton: Bist jetza staad! Wenn i mit'm Psycho red!

Psychologe: Sagen Sie mal, wollen Sie mich nicht verstehen oder können Sie mich nicht verstehen? Ich möchte doch nur, dass Sie sich besser unter Kontrolle haben. Wo steht denn geschrieben, dass Sie jedem, der Sie in irgend einer Weise nervt, gleich eine Ohrfeige geben müssen?

Anton: Ja Moment! Do hätt i owa dann scho no a Frage! Wo steht denn geschrieben, dass eam koane gebn soll? Hä, glaubst du vielleicht, in da Bar vom Bierzelt is a Schildl ghängt: „Bitte dem Franz Fromm keine schmieren!"? Von wegen, nix is do ghängt! Also Psycho, sei mir ned bös, owa jetza host scho a weng an Schmarrn dahergred!

Psychologe: *Zitternd, am Ende seiner nervlichen Kraft:* Wissen Sie was? Lecken Sie mich am Arsch! Von mir aus ohrfeigen Sie das ganze Bierzelt! Mir doch egal! Hoffentlich kommen Sie einmal an einen, der noch brutaler ist als Sie und Ihnen mit dem Glaskrug den Schädel spaltet! Und wenn nicht, dann sollen Sie von mir aus hundert Jahre eingesperrt werden – interessiert mich nicht! Und wenn Sie im Gefängnis verschimmeln – juckt mich nicht! Und jetzt sehen Sie zu, dass Sie Land gewinnen, sonst hau ich Ihnen Ihre Akten um die Ohren, bis das Blut spritzt! Sie Abschaum!

Anton: Ja, wos isen los? Host ebba du koa Ärgerkastl, Psycho?

Psychologe: *Völlig hysterisch:* Hauen Sie bloß ab, sonst vergesse ich mich, Sie Rindvieh, sie gesalzenes!

Uwe: Kommens, Herr Anton, das hat heute keinen Sinn mehr! Sie haben den Herrn Doktor total aus dem Konzept gebracht mit Ihrer unmöglichen Art!

Anton: Wennst moanst! Also – servus Psycho!

Psychologe: Verschwinden Sie, Sie Arsch, sie blöder!

Uwe: *Im Hinausgehen:* Das haben Sie jetzt davon! Jetzt hat er die Behandlung abgebrochen!

Anton: Eigentlich ewig schad'! Weil jetza waarma vo da Kommunikation her aaf'm gleichen Level!

Pläne

Sepp: Wos machts nacha ihr an de Weihnachtsfeierdog?

Kare: Am erstn bsuchma meine Eltern, am zwoatn de ihran. Aso wia jeds Johr.

Sepp: Jaja, mir machmas aa aso. Und noch de Feierdog?

Kare: Do machmas aa wia jeds Johr. I geh mit meine Kumpln zum Eisstockschiaßn und Sie mit de Weihnachtsgschenke zum Umtauschn!

Die Alternative

Kare: Heier am Silvester howe's erste Mol koa Geld füi Böller ausgebn!

Sepp: Hostas jetza endlich kapiert, dass des a dodaler Schmarrn is mit dera Böllerschiaßerei?

Kare: Ja, jetza howes kapiert! Raketn kracha aa und san viel scheener!

Rollenverteilung

Mann: Wos treibt denn eigentlich eier Sohnemann? Den howe
            jetza scho lang nimmer gseng!
Nachbar: Der studiert Theaterwissenschaften!
Mann: Oläck, do schau her! Owa is des ned a dodal sinnlose
            Sach? Do konnma doch ned lebn davo? Wos duat denn
            aso a Theaterwissenschaftler zum Beispiel?
Nachbar: Unser Bua is jetza im dritten Semester und macht scho
            im Stadttheater de Rollenverteilung!
Mann: Ja super! Is des ned recht schwierig für an so an junga
            Menschen?
Nachbar: Am Anfang scho, owa jetza hodas scho voll intus: Ins
            Damenklo kemman zwölf Rollen eine und ins Herrenklo
            achte!

Der Stoff, aus dem die Bäume sind

Sepp: Glaubstas, is des ein Glump! I hob heier an Christbaam
            kafft, der is aus Kanada! Der nadelt wie die Sau! Unser
            ganz's Wohnzimmer is voller Nadeln!
Kare: I hob oan aus Norwegen – des Gleiche in Grün! Mei Frau
            muaß alle Dog de Nadeln zammkehrn! Des is a Zumu-
            tung is des!
Rudi: Und i hob oan aus Russland! Des is da absolute Abschuss!
            Jetza hamma erst den 22. Dezember und der hod scho so
            guat wia koa Nadel mehr! Wahnsinn!
Hans: Kanada! Norwegen! Russland! Ihr allaweil mit eiern
            Glump! Mei Christbaam hod no ned oa Nadel verlorn!
Sepp: Host ebba du oan aus Deitschland?
Hans: Naa, aus Plastik!

Kreativität

Rudi: I will ja ned jammern, owa a weng kreativer kannt mei Wei scho sei, wos mei Weihnachtsgschenk betrifft! Jetza hodsma heier scho wieder a Rasierwossa und a Krawattn gschenkt! Alle Johr's Gleiche! Es is direkt frustrierend!

Fonse: Des stimmt! Allaweil's Gleiche, des is aa nix! A weng an Einfallsreichtum daadmase als Mo scho wünschen! Und wos schenkst ihr nacha du? Bist du kreativer wia Sie?

Rudi: Und ob! I schenk ihr allaweil 50 Euro! Do konnsase jeds Johr wos anders kaffa!

Speisenfolge

Sie: Du Schatzerl, jetza hätt i amol a Frage: Wos soll i heier am Heiligen Abend kocha?

Er: Wos woaß i! Koch ebbs, des wird nacha scho gessn!

Sie: Naa, des muaß scho wos Bsonders sei am Heiligen Abend! Lus amol, i hätt folgende drei Vorschläge: Würstl mit Kraut, Schweinefilet an einer Orangen-Knoblauchsoße mit Rösti, Fondue. Wos moanst?

Er: Optimal! Und de Reihenfolge passt haargenau! Ganz zum Schluss waar vielleicht a Eisbecher ned verkehrt!

Tierfilmfreunde

Kare: I hob gestern aa d'Nacht am Fernseh an Tierfilm ogschaut. Wunderbar! Elefanten, Giraffen, Löwen – dodal faszinierend!

Sepp: Wann isen der kemma, der Tierfilm?

Kare: Um viertl neine!

Sepp: I hobma aa an Tierfilm ogschaut, do is owa mehr um Insekten ganga. Der is erst kurz vor Mitternacht oganga und der war aa dodal faszinierend!

Kare: Um Insekten is do ganga? Wia hod nacha der Tierfilm ghoaßn?

Sepp: Zwei scharfe Käfer auf Sankt Pauli!

Vatertag

Sepp: *Im Selbstgespräch:* Da möchst am Vatertag amol in Ruhe im Wirtshaus a Maß Bier trinka und dann is do aso a Radau! De junga Burschn am Nachbartisch, de schrein umananda wia de Blädn! Und saffa daans aa ned schlecht!

Am Nachbartisch hört man lautes Zuprosten und gegenseitiges Glückwünschen zum Vatertag.

Sepp: Ja kruzenäsn! Wos habts denn für a Gschroa? Habts denn ihr überhaupt scho Kinder?

Knabe: Naa, hamma ned!

Sepp: Ja, wos führts eich denn dann aso aaf? Saffa duats aa wia d'Ochsn! Des is doch ned in Ordnung, wenns ihr koa Kinder ned habts!

Knabe: Ja wieso? Heit is doch ned Kindertag, sondern Vatertag! Und an Voda hamma alle!

Primitiv

Sepp: Gestern war bei uns in da Firma Weihnachtsfeier! Kaltes Büfett! I konndas sogn, es gibt Leit, de san bloß peinlich! Da Strullerer Reinhold is sage und schreibe siebenmal ans Büfett grennt und hodse wos gholt! I hob genau mitzählt: Sieben Mal!

Kare: Dassase ned schaamt! Wia schaut denn des aus, wenn oaner siebenmal ans Büfett rennt! Des is doch unmöglich! Also i geh grundsätzlich bloß oamol hi, und dann schick i sechsmol mei Wei, dassma wos holt!

Sepp: I aa!

Wir sind das Volk der Dichter und Denker. Wunderbare, oft auch wundersame literarische Werke und Wortschöpfungen sind im Laufe der Zeit entstanden. Die kreativen Menschen, die derartiges geschaffen haben, bedienten sich oft eines umfangreichen und phantasievollen Wortschatzes. Ich meine damit natürlich nicht mich – um Gottes Willen! Nein, ich denke an die großen Klassiker: Goethe, Schiller, Karl Valentin! Heutzutage gibt es jedoch Menschen, insbesondere junge Menschen, die kommen mit einem minimalen Bruchteil des Wortschatzes aus, der uns laut Duden für die Kommunikation zur Verfügung steht. Mehr noch: Der Wortschatz, den sie anwenden, steht größtenteils nicht einmal im Duden! Die folgende Szene habe ich selbst beobachtet, die Dialoge sind (fast) authentisch! Und gerade wegen der Authentizität habe ich versucht, den oberpfälzer Dialekt so zu schreiben, wie er gesprochen wurde. Es geht um Folgendes: Zwei junge Männer (A und B) stehen vor einem Schnellimbiss zusammen. Ein weiterer junger Mann (C) kommt hinzu und schon ist sie komplett,

Die intellektuelle Runde

A: *Zu C:* Hä er hä, da ganz Ander! Ey, da ganz Ander! Mi läckst. Glaum dousdas ned! Er hä! Zefix!

B: Owa ehrlich hä!

C: Wosn lous, hä? Gejts no oder wos? Scho alls klar im Hirn oder wos?

A: *Zu B:* Eam schau o! „Wosn lous" moinda! Er, hä! Da ganz Ander! Ja fix!

B: I glaub i wia nimmer! Krass, des! Hä, er isma scho oaner! Sog amol!

A: *Spuckt in hohem Bogen aus.* Und?

B: *Zu A:* Hä, Moment! Wer isn er überhaupt? Er do, da Schlurchi! *Deutet abfällig auf C.*

A: Er holt! Is o wurscht, oder?

C: *Zu B:* Host a Problem oder wos? Oder wos is oder wej?

B: Wos i? I ned! Ebba du? Ha? Hä, du, oder? *Zu A:* Hä, hod er a Problem oder wos?

A: Doch mir schnurz! Der wenn zehne hod, gejt des mir am Orsch vorbei! Owa sowos vo vorbei! Vorbeiener gejts gor nimmer!

C: Ä, wos schmatztn für an Kaas daher! Ey, i hob koa Problem! Host du Sulz im Schädl oder wos? Wos hostn graucht? Blaukraut oder wos oder Kamölmist? Ja bluatiger Saudarm, Mensch!

B: *Zu A:* Hä, host du des ghört, hä? Derf der des sogn? Hä, derf der des sogn, hä? Zu dir?

A: Owa sowos vo vorbei wej mir des gejt! Hä, wos der sagt, des is mir so Weißwurscht, wej wenn in Tibet a Lewakaas stirbt! So Weißwurscht is mir des!

B: Hä, er hä! Weißwurscht is eam des! Hä Sprüch host scho draff, arschkrass!

A: Mei, a Spruch is a Spruch! Ohne Spruch is aa koa Lebn! Hä, lejwa an neiestn Spruch wej an Leistnbruch!

B: Owa ehrlich. Ohne Spruch konnstda glei d'Kugl gem!

A: *Zu C:* Und sunst? Alls klar? Scho, oder?

B: Oder ned?

C: Alls im grünen Bereich! Alles rotscha in Kambodscha!

A: Und tussimäßig?

C: Tussimäßig?

B: Tussimäßig moinda! Vo de Tussis her! Tussimäßig!

C: Ah! Tussimäßig!

A: Genau, tussimäßig!

C: Schwierig!

A: Schwierig?

B: Schwierig sagta!

A: Scho klar! Hobs scho ghört! I bin o ned blind! *Zu C:* Ned einfach, ha? Tussimäßig!

C: Owa scho glei gor ned! Schwierig!

B: Weiwa holt!

A: Genau! I sog allaweil: Frauen und Weiwa – mit beiden is schwierig!

C: Hörma bloß aaf! Und sunst?

A: Mei, amol aso und amol aso!

B: Normal holt!

C: Normal?

A: Mei, amol mehr, amol wenger! Hauptsach, i checks, wos lafft!

B: *Zu C:* Hauptsach, er checkts!

C: Scho klar! Checka wennsdas amol nimmer doust, dann is da Kaas eh gessn! I kenn oan, der checkts nimmer, den konnst abhaken! Der is zombiemäßig unterwegs! Hä, der is fertig! Der konn koa feichts Klopapier mehr zreissn! Der is fertig! Hä, a Currywurscht hod mehr Hirn wej der! Nullchecker, konnst vogessn!

A: Is logisch! Orme Sau, des!

C: Scho!

B: Mei, sei Sach! Oder?

C: Des scho! I sog bloß!

A: Scho klar! Und ejtz? Wos vor?

C: I? Nix vor! Habts ehs wos vor?

B: Mir?

C: Naa, de Andern!

B: De Andern?

A: Uns moinda, Gimpl!

B: Worum sagta nacha „de Andern"?

A: Weilst allaweil so bläd fragst!

B: Ja wos?

C: Vergiss'!

B: Wos für Anderne?

A: Vergiss'! Und sunst? Nix lous, ha?

C: Tote Hose!

B: Bei uns aa: Null! Koana hod an Plan! Host du an Plan?

C: Null Plan!

B: *Zu A:* Er hod aa koan Plan!

A: Ja mei! An Plan wenna hejd, dann waar er ja ejtza gor ned do. Weil oaner mit an Plan, der is wouanders!

C: Hä, des konnst laut sogn! Oaner, der wos an Plan hod, der stejt ned do. Der checkts und is ganz wouanders!

B: Wou nacha?

C: Also do bestimmt ned!

A: Wouanders holt!

C: Ja eben! Owa i hob o aa koan Plan!

B: Des is o des!

A :   Wos solls!

B :   Genau!

A: *Zu C:* Dousdn hi?

C:	Wos woaß i! Hoam! Oder aa ned! Mol schaun. Wahrscheinlich hoam. Mei!
A:	Owa ned gwies? Oder gwies?
C:	Des ned, owa kannt scho sa, dasse hoam dou!
B:	Is aa ned verkehrt.
C:	Eben! Dahoam is dahoam, sog i allaweil!
B:	Er wieder, hä! „Dahoam is dahoam"! Er wieder!
C:	Weils wohr is! Also nacha, i packs!
A:	Dere Alter! Bleib sauber!
B:	Dere dann! Hoißtn du überhaupt?
C:	DJ Coolcool! I leg am Samsdog aaf in da Stadldisco in Grunzing!
B:	Cooler Nam', des!
C:	Gell! Also, arrividerci, wejma in Schweden sagt! *Geht.*
B:	*Zu A:* Was sagst ejtza do du? Isn er für oaner?
A:	A Volldepp! Kenne vo da Schul! Bin drei Johr mit eam in de sechste Klass ganga! Bloß bläd!
B:	Howama glei denkt!

Maskenprämierung

Kare:	Jetza glaub i muaß i mir doch amol an neia Anzug kaffa!
Sepp:	An neia Anzug? Brauchts des?
Kare:	I moan scho. I bin am Samstag mit mein Anzug aaf an Ball gwen, weil i gmoant hob, des waar a Schwarz-Weiß-Ball.
Sepp:	Und? Wars ebba koa Schwarz-Weiß-Ball ned?
Kare:	Iwo! A Maskenball wars!
Sepp:	Noja, so schlimm is des aa wieder ned, is ja Fasching!
Kare:	Ja scho, owa woaßt, wos peinlich war? Bei da Maskenprämierung bin i mit mein Anzug Zwoater worn!

Fernsehfasching

Kare: Glaubstas, i konns nimmer segn! Den ganzen Faschings-krampf im Fernseh: Köln, Mainz, Aachen, Düsseldorf! De junga Deandln, de wos do allaweil danzn, de san ja in Ordnung! Owa der Elferrat: Lauter olte Manner!

Sepp: Des is alls relativ! Weil im Vergleich zu de Witze, de wos do erzählt wern, san de Manner vom Elferrat no bluatjung!

Wildunfall

Kare: Ja Sepp! Host ebba a neis Auto?

Sepp: Naa, 's meine is bloß am richtn! Des do is a Leihauto!

Kare: Aso! Wos isn hi?

Sepp: Ach, an Wildunfall howe ghabt!

Kare: Omei, omei, an Wildunfall? Warst ebba im Wold unterwegs?

Sepp: Iwo! In München isma des passiert! Direkt am Stachus!

Kare: A Wildunfall am Stachus? Geh Sepp, des glaubst doch selber ned! Am Stachus gibts doch koa Wild!

Sepp: Von wegen! I hob an da Fußgängerampel bremst, weil zwoa Superhasn über d'Straß ganga san, dann isma aso a Hirsch hintn draafgfohrn!

Politischer Aschermittwoch

Kare: Omei, war des wieder a Gfetz gestern bei dem politischen Aschermittwoch! D'Regierung sagt, dass d'Opposition koa Ahnung hod und d'Opposition sagt, dass d'Regierung koa Ahnung hod. Direkt zum lacha!

Sepp: Eigentlich scho. Des Traurige is bloß, dass alle zwoa recht hamm!

Humorlos

Kare: Es is nimmer schee in da Orwat!

Sepp: Nimmer?

Kare: Nimmer! Weil d'Leit einfach koan Humor nimmer hamm! Do mochst amol an kloan Gag, dass a weng a Stimmung is, dann sans glei beleidigt!

Sepp: Wos host denn nacha für an Gag gmocht?

Kare: An ganz an harmlosen, an netten eigentlich. I sog zu meiner Kollegin: „Also Renate, sei mir ned bös', owa mit dera neia Brilln schaust fei richtig olt aus!" Sagt sie: „I hob doch gor koa neie Brilln!" Dann hob i gsagt: „Owa i!"

Günstiges Kostüm

Sepp: I war ja scho oft aaf Maskenbälle, owa so billig wia am Samstag bin i no nie davokemma!

Kare: Worum? Wos hostn zohlt?

Sepp: Wos hoaßt zohlt! I hob mehr Geld hoambracht, wia i mitgnumma hob! Im Prinzip war i deutlich im Plus!

Kare: A geh! Wia gibts denn sowos?

Sepp: Schuld war des Kostüm vo meiner Frau! De is als Bedienung ganga. Und acht Bsuffane hamm bei ihr zohlt!

Horror

Kare: Brrrrhh! I wenn drodenk, dann beitlts mi heit no o! Grausam!

Sepp: Wos'n?

Kare: I hob gestern aaf d'Nacht an dodal grausama Film am Fernseh ogschaut! I wollt z'erst scho ned, weil i woaß, dassme des allaweil aso mitnimmt und tagelang verfolgt!

Sepp:	Wos war nacha des für a Film?
Kare:	A Reportage über Übergwicht, Cholesterin und Bluatdruck! I konnadas sogn: Grausam!
Sepp:	Des glaub i! Sowos belast mi aa allaweil dermaßen! Host nacha überhaupt schlaffa kinna?
Kare:	Des scho! Weil anschließend howama dann no an Horrorfilm ogschaut von an Serienkiller! Do howame nervlich wieder erholt!

Inventur

Kare:	I moch alle Johr im Januar a Inventur dahoam.
Sepp:	A Inventur? Dahoam? Wosn für a Inventur?
Kare:	Jedsmol ebbs anders. Letzts Johr howe meine CD's systematisch geordnet. Insgesamt howe 67 Stück. Und zwar 35 mit Volksmusik und Schlager und 32 mit an Krampf!
Sepp:	Aha! Ziemlich ausglicha! Halbe-halbe!
Kare:	Scho. Und heier howe unsere Biacher durchzählt. Do wars z'erst aa ziemlich ausglicha: Mir hamma acht Biacher, woma lesn konn, wiama jung bleibt und neine, woma lesn konn, wiama old wird. Owa kulinarisch samma ned ausglicha!
Sepp:	Ned?
Kare:	Naa! Mir hamma 15 Biacher über's Kocha und Essn, owa 34 über's Abnehma!

Raucherfreuden

Kare:	Hostas scho ghört? Jetza wollnse's Raucha sogor in da eigenen Wohnung verbieten!
Sepp:	Des is mir wurscht! I hob a Mietwohnung!

Vaterfreuden

Sepp:	Wos schausten gor so bläd, Kare?
Kare:	Ach, i hob glesn, dass psychologisch erwiesen is, dass Töchter, wenn's den ersten Freind aussuacha, oan nehma, der wos dem Papa gleichschaut! Des is wega da Tochter-Vater-Bindung!
Sepp:	Jamei! Des is mir eigentlich wurscht. I hob koa Tochter, bloß an Sohn. Und dem sei Freindin schaut mir ned gleich. Gottseidank!
Kare:	Du bist vielleicht ein Blädl! Owa i hob a Tochter! Und do bin i momentan schwaar am Grübeln!
Sepp:	Worum nacha?
Kare:	Ja, sie hod jetza seit zwoa Wocha an Freind, den allerersten! Und gestern hodsna des erste Mol mit hoambracht.
Sepp:	Und? Schaudada gleich?
Kare:	Mir ned, owa unsern Postbot'!

Genforschung

Sie:	Do stehts in da Zeitung: Frauen kinnan gor nix dafür, dass sie manchmal grantig san und zickig! Des liegt am Gen! Des is vo da Natur her aso programmiert! Also brauchst mi gor nimmer schimpfa, wenn i amol schlecht glaunt bin! Do bin i ned schuld, sondern des Gen!
Er:	Wennst moanst. Owa mir Manner kinna aa nix dafür, dassma aso san! Wenn i zu dir sog, i trink bloß zwoa Holwe und dann trink i sechse, oder wenn i sog, i kimm um zwölfe vom Stammtisch hoam und dann kimm i erst umara drei, do konn i aa nix dafür. Des is aa a Gen! A typisch männlichs!
Sie:	Wos soll denn des für a Gen sei?
Er:	's Lü-Gen!

Trinkgeld

Kurt: Jetza amol a Frage, weil i do nie so richtig woaß, wia i mi verhalten soll: Wos gebts ihr normal da Bedienung für a Trinkgeld?
Sepp: Also i, i gib allaweil so ab fünf Prozent aufwärts!
Kare: Wos? Ab fünf Prozent? Do bin i viel großzügiger! I gib ihr scho ab zwoa Promille wos!

Vertretung

Kare: Mei liawa, des war gestern vielleicht a scheener Dog! Erholung pur! A bisserl Kafä trinka, a bisserl Zeitung lesn, a wengerl telefoniern! Wunderbar!
Sepp: Host ebba frei ghabt?
Kare: I ned, mei Chef! Und den howe vertretn miaßn!

Böse Zungen behaupten ja, der Begriff „Fast Food" kommt daher, weil man die so bezeichneten Nahrungsmittel fast essen kann. Das stimmt natürlich nicht! Es heißt, dass es schnell geht. Es kann aber auch sein, dass es mal nicht ganz so schnell geht, vor allem, wenn man das erste Mal eine Bestellung aufgibt

Am Drive-In-Schalter

Stimme:	Willkommen bei McKing! Ihre Bestellung bitte!
Georg:	Wos?
Stimme:	Hallo?
Georg:	Wer red' denn do?
Stimme:	Hallo! Ihre Bestellung bitte!
Georg:	Aso, do vo dem Lautsprecher kimmt des aussa!
Stimme:	Möchten Sie was bestellen?
Georg:	Logisch! An so an Ding, an so an Burger do! Und Bommfritz!
Stimme:	Ham, Cheese oder Chicken?
Georg:	Ha?
Stimme:	Welchen Burger möchten Sie bestellen?
Georg:	Mit an Fleisch!
Stimme:	Also einen Hamburger?
Georg:	Is der mit Fleisch?
Stimme:	Ja!
Georg:	Dann den! Und Bommfritz!
Stimme:	Den Burger normal, maxi, mega oder giga?
Georg:	Ja fix! An Burger halt!
Stimme:	Es gibt vier Größen!
Georg:	Wos?
Stimme:	Mini, maxi, mega und giga!
Georg:	Wos isen do da Unterschied?
Stimme:	Mini ist der kleinste, giga der größte!
Georg:	Nacha nimme mittel! Und Bommfritz!
Stimme:	Also Maxi?
Georg:	In Gotts Nam'! Wennst moanst! Und Bommfritz!
Stimme:	Die Pommes klein, mittel oder groß?
Georg:	Mei, so länglich halt.

Stimme:	Nein, nicht die Größe der Pommes! Die Größe der Packung!
Georg:	D'Packung isma wurscht, weil de friese ned!
Stimme:	Aber in der großen Packung sind mehr Pommes!
Georg:	Ja, nacha gibstma halt do aa mittel! Also, i will ja nix sogn, owa schee staad daad mi hungern!
Stimme:	Also Hamburger mittel plus Pommes mittel!
Georg:	Haargenau!
Stimme:	Wünschen Sie ein Getränk?
Georg:	A leichts Weizen!
Stimme:	Alkoholische Getränke führen wir nicht!
Georg:	Nacha nix!
Stimme:	Wie bitte?
Georg:	Dann mog ich nix!
Stimme:	Nichts?
Georg:	Zum essn scho, zum trinka moge nix! Hungern daad mi!
Stimme:	Ein Tipp: Wenn Sie unser Late-Night-Menü nehmen, kostet Sie das genau soviel wie ein Hamburger und mittlere Pommes und es ist ein Getränk Ihrer Wahl dabei!
Georg:	Das waar dann direkt umasunst?
Stimme:	Wie bitte?
Georg:	Das Getränk täte dann praktisch nix kosten?
Stimme:	Genau! Weil es im Menü enthalten ist!
Georg:	Owa i mog koa Kracherl ned!
Stimme:	Wie bitte?
Georg:	Ein Limo tut mir nicht schmecken!
Stimme:	Sie haben die freie Wahl! Es gibt auch Wasser!
Georg:	Ja pfui Deifl! Mir wennst ned gangst!
Stimme:	Ich verstehe Sie sehr schlecht!
Georg:	Ich mag kein Wosser nicht! Außerdem bine do, weil mi hungert und ned, weil mi dürscht! Wennme dürscht hätt, dann waare ins Wirtshaus ganga!
Stimme:	Dann also nur den Hamburger maxi und mittlere Pommes!
Georg:	Ja! I daad recht schee bitten!
Stimme:	Haben Sie großen Hunger?
Georg:	Scho!
Stimme:	Darf ich Ihnen dann vielleicht unser Menü „Rambo" empfehlen?

Georg:	Rambo?
Stimme:	Ja! Zwei Burger giga plus große Pommes plus ein Country-Salat! Als Menü nur 5,95 Euro! Einzeln würde das 8,40 Euro kosten! Sie sparen 2,45 Euro!
Georg:	Ja ... hm ...
Stimme:	Für einen Aufpreis von 50 Cent auch mit Getränk!
Georg:	I mog nix zum trinka, zenalln! Und des Rambo do wird mir a weng z'viel! Do konn i ned schloffa, wenne so vollgfressn bin!
Stimme:	Wir haben auch „Kid Rambo"! Das ist nur ein Burger giga plus große Pommes plus kleiner Salat. Nur 3,95 Euro! Für einen Aufpreis von ...
Georg:	Jetza fang bloß ned wieder mit an Getränk o!
Stimme:	Okay! 3,95 Euro ohne Getränk!
Georg:	„Kid Rambo" hoaßt des?
Stimme:	Ja!
Georg:	Hm ...
Stimme:	Hallo? Sind Sie noch da?
Georg:	Jaja! Moment, i sinnier bloß!
Stimme:	Kennen Sie schon unsere Frühjahrsaktion „Fit ins Bett"?
Georg:	Naa! Wos is nacha des scho wieder?
Stimme:	Ab 22 Uhr jeder Salat zum halben Preis!
Georg:	Des waar praktisch scho aktuell, weil es is ja scho holwe oans!
Stimme:	Genau! Möchten Sie einen Salat?
Georg:	Eigentlich ned! I sog allaweil: „A Rindviech bine ned, also friese aa koa Gros!"
Stimme:	Wie bitte?
Georg:	I mog koan Solod! I will wos handfests! Mi hungert! Schee staad wire grantig!
Stimme:	Wir haben auch die Aktion „Fett ins Bett"! Ab 24 Uhr kostet jeder Giga-Burger einen Euro weniger!
Georg:	„Fett ins Bett"! Also ganz sauber seids ihr ned!
Stimme:	Doch! Wir arbeiten nach den neuesten EU-Hygienevorschriften!
Georg:	I moan doch ned eier Hygiene! I moan des „Fett ins Bett"! Des kimmt alls vo Amerika uma! Drum hamms ja alle an drumm Orsch, d'Ami!

Stimme:	Wie bitte?
Georg:	Ah nix! I mog koan Mega ned und aus!
Stimme:	Giga!
Georg:	Moge aa ned! I mog einfach an Hamburger und mittlere Bommfritz! Is jetza des so schwierig? Und wos des kost, des is mir wurscht, weil mi hungert!
Stimme:	Nur noch ein kleiner Tipp: Zur Zeit haben wir Mexiko-Wochen!
Georg:	Ja und? I hob Urlaub!
Stimme:	Haben Sie unseren Azteken-Wrap schon probiert?
Georg:	Naa! I mog koan Wrap! Und außerdem woaß i ned, wos des überhaupt is!
Stimme:	Feinstes Rindfleisch vom mexikanischen Hochlandrind! Mit Riesenbohnen und einer scharfen Mexican Sauce! Nur 3,95 Euro! Gibts auch als Menü mit Süßkartoffeln und Salsa-Dip! Dann für 5,45 Euro!
Georg:	Nix do! Wos da Bauer ned frisst, kennta ned! Jetza soges's letzte Mol: An Hamburger will i und mittlere Bommfritz! Des glangtma! I will koan mexikanischs Rindvieh und koa Süßkartoffel! Bloß an Hamburger und Bommfritz! Und zwar flott, weil mi hungert!
Stimme:	Alles klar! Pommes rot oder weiß?
Georg:	Liawa gelb!
Stimme:	Nein, ich meinte mit Ketchup oder mit Majo!
Georg:	Aso! Ja dann mit Ketchup! Obwohl – i iß im Auto. Dann howe den ganzn Dreg wieder aaf da Hosn. Naa, liawa gor nix!
Stimme:	Gar nichts? Ich dachte, Sie haben Hunger!
Georg:	Koan Ketchup! Des andere scho! Glaubstas, is des a Kreiz!
Stimme:	Möchten Sie eine Apfeltasche?
Georg:	I brauch koa Taschn, weil i iß des Zeig glei! Außerdem hob i a Plastiktaschn dabei!
Stimme:	Wie bitte?
Georg:	Nix! Ja sog amol, des gibts doch ned! Jetza steh i scho zehn Minuten do und schrei in des Loch eine und hob no nix! Des soll a Fast Food sei? Derweil hätt i im Wirts-haus an Schweinsbraten aa gessn!

Stimme:	Wir verwenden nur Rindfleisch!
Georg:	Des is mir wurscht! Hauptsach, i kriag jetza glei wos zum essn, sunst draah i durch! Mir is scho ganz schlecht vor lauter Hunger!
Stimme:	Ich darf nochmal wiederholen: Einmal Hamburger Maxi und einmal mittlere Pommes! Ist das so richtig?
Georg:	Ja, kruzenäsn!
Stimme:	Pommes sind aus!
Georg:	Wos? Bommfritz san aus? Des derf doch ned wohr sei! Ja sog amol!
Stimme:	Haben Sie einen anderen Wunsch?
Georg:	Ja, am Orsch konnstme lecka!
Stimme:	Normal oder Mega?

Georg fährt weg.

Wellness

Es is oans vo de jährlich wiederkehrenden Probleme:
Mei Frau hod Geburtstag!
Wos willst du einer jungen Frau mittleren Alters schenka?
Kleidung? Niemals! Kaffst ihr wos Jugendliches, dann sagts: „Aha, waar dir ebba a Junge liawa?" Und kaffst ihr wos Altersangemessenes, dann sagts: „Sooo old bine aa wieder ned!"
Schmuck? Sowieso ned, weil du dawischst als Mo grundsätzlich den falschen! Und es is bei mir aa aso schwierig mit Schmuck: Gega Silber is allergisch, Modeschmuck gfollt ihr ned und Gold isma z'deier!
Wos zum Essn? Katastrophe! „Willst mi umbringa? Soll i vielleicht no dicker wern wia du?" Des san no de harmlosesten Reaktionen aaf Fressalien als Gschenk.

I hobma denkt, am gscheidern is, is schenk ihr wos für d'Gsundheit und fürs Wohlbefinden! Gsundheit und Wohlbefinden, des is heitzudogs oa Begriff, da sagtma „Wellness". A Mischung aus „well" und „happiness", also dir gehts praktisch guat und drum bist glücklich.
I hob ihr an Gutschein gschenkt für a Wellnesswochenende für zwei

Personen. Weil i hobma denkt, do konns dann a Freindin mitnehma, dann hods wen zum Ratschn und ruaft ned dauernd dahoam o. Und dann hob i aa wos vo dem Wochenende.

I hob im Internet gschaut und wos Ansprechendes gfundn: „Charly's Wellness- und Beauty-Oase"! „Des is guat", hob i mir denkt, „weil do fühltsase wohl und scheener wirds aa glei!"

Unter da Rubrik „Our History" is im Internet dringstandn, dass de Oase z'erst a Rindermastbetrieb war, da Inhaber hod Karl Brummdeitl ghoaßn. Aso hoaßta heit aa no, owa Charly klingt wellnessmäßig einfach besser.

Wia gsagt, es war a Rindermastbetrieb. Owa durch den Wahnsinn mit dem Rinderwahnsinn hammse de tierischen Rindviecher nimmer rentiert und da Charly hod aaf menschliche umgstellt.

Da ehemalige Stall is jetza's „Trainingsareal" und durch de Gitter im Bodn, wo friaher de Exkremente vo de Rinder owetropft san, do tropft jetza da Schweiß owe vo de Wellnesssportler.

Und logischerweise braucht da Charly aa koa Güllegruabn mehr, de is jetza a Whirlpool.

Den ehemaligen Klauenpflegestand hoda a weng umgestaltet, da konnma jetza Stretching mocha damit. Wobei i mir denkt hob, a Nagelstudio waar besser, dann waar da Bezug zur Klauenpflege no eher erkennbar. Owa is ja wurscht!

Aaf jeden Fall hob i meiner Frau den Gutschein für zwei Personen gschenkt, weil sie jammert ja immer, dass sie koa Kondition hod. Des war grundsätzlich a guade Idee vo mir, owa sie hod dann a ganz a schlechte Idee ghabt:

Sie hod nämlich ned ihra Freindin mitgnumma, sondern mi! „Weil i möcht' alles Schöne mit dir teilen!", hods gsagt.

Wos hoaßt alles Schöne? Wos Schönes is a Schweinshaxn oder a Weißbier! Und des brauchts ned mit mir teilen, weil des packe alloa!

Owa wenn a Frau etwas Schönes mit dir teilen will, dann host du als Mo koa Chance: Mir samma zu Charly's Wellness- und Beauty-Oase gfohrn!

Und glei an da Rezeption hob i gspannt: Öha, do san Sadisten am Werk!

Fragt mi nämlich da Portier: „Haben Sie eine Zigarette für mich?" I denkma, wenn der Mensch so freundlich fragt, dann gib eam aa a Zigrettn! I ziag mei Schachtel aus da Jackntaschn und sog „do Schäf, bediende" – zack – schnappt er de ganze Schachtel und sagt: „Zigaretten sind hier tabu! Vorsichtshalber nehme ich gleich die ganze Schachtel! Sie kriegen sie wieder bei der Abreise! Wenn Sie sie dann überhaupt noch wollen! Und noch was: Es gibt hier im ganzen Haus keinen Zigarettenautomaten! Und keine Aschenbecher! Und automatische Rauchmelder!"

Eindeutig a Sadist! Und a Depp! Mi regt des wahnsinnig aaf, wenn mei Gutmütigkeit ausgnutzt wird! I biet eam a Zigrettn o, weil i an Anstand hob und der nimmt mir mei Schachtel!

Owa wenn der glaubt, dass er an Blädn vor sich hod, dann isa bei mir genau richtig!

I hob nämlich no a Stang tschechische Ware in mein Kofferraum, für alle Fälle! Zwar a ganz verhauts Kraut, owa immerhin rauchts! De hol i mir aaf d'Nacht, Bürscherl!

Do sagt mei Frau: „Dann is ja direkt guat, dass i de Stang vo Tschechien aus'm Kofferraum aussa hob, dass unser Gepäck Plotz hod! De Zigrettn hättn dir jetza eh nix gnutzt!"

Des san de Momente, wo i an Junggselln beneid! Dem duat koaner wos ausm Kofferraum aussa!

A ganz Wochenende ohne Zigrettn! Und des soll Wellness sei! Ja super! Owa guat, schauma amol, vielleicht gleicht's Essn wieder alles aus. Weil für 250 Euro pro Nase derfs scho wos Gscheits sei!

„Sie kommen gerade recht zum Abendessen!", sagt da Sadist. „Erster Stock rechts! Heute gibt es ein reichhaltiges rustikales Büfett!"

Noja, des hörtse ned schlecht o: Rustikales Büfett, des is wahrscheinlich a Bauerngräucherts, a Sulz, Bluat- und Leberwürscht, a Butter und a Bauernbrot. Als Dessert wahrscheinlich Kücherln oder a Bayrisch Creme oder sowos. Do hau i eine, wos geht, wenne scho ned raucha derf! Danoch waar zwar a Zigrettl ned schlecht, owa zum Ausgleich trink i holt dann a Weißbier mehr!

So, mir stellma unser Gepäck ins Zimmer und gemma zum Essensraum.

Glei am Eingang warn vier Schalen mit Körndln: Hafer, Dinkel, Sesam und Grünkern. „Do schau her", howe zu meiner Frau gsagt, „de hamm sogar wos für'n Kanarienvogel, fallsma oan dabeihod!"

Dann is a Tisch kemma, do hods Almtopfen gebn, Molke, Tofu, Vollkornnudeln und ungsäuertes Roggenbrot. „Do schau her", howe zu meiner Frau gsagt, „de hamm sogar wos für de Mognkranken!"

Anschließend is a Tisch kemma mit seltsame Sachen: In Öl eiglegte Auberginen, Trockentomaten, Dörrobst, Ziegenkäse und Stutenmilchjoghurt. „Do schau her", howe zu meiner Frau gsagt, „für de Narrischen hamms aa wos!"

Dann war's Büfett aus! Mehr hods ned gebn, des war alles! Von wegen Bluatwurscht – nix!
Hä, und des soll Wellness sei? I bin zum Ober hi und hob gsagt: „Sie entschuldigens, owa mi daad hungern!"
Sagt er: „Bedienen Sie sich!" Eine Unverschämtheit! Wenn nix do is!
„Des mog ja alles ideal sei zum Kompostiern", howe gschrian, „owa doch ned zum Essn!"
„Ihnen fehlt noch die richtige Einstellung!", hoda gmoant.
„Mehr faahlt a Fleisch und a Wurscht und koa Einstellung!"

Owa wos willst mocha? Bevor, dass'd verhungerst, muaßt wos essn! I hobme für Tofu entschieden, weil der war wenigstens a wengerl feicht und ned so staubtrucka wia des Troad und des Ginkel oder Dinkel oder wia des hoaßt.
I woaß ned, ob Sie scho amol Tofu gessn hamm. Es schmeckt ungefähr, wia wennma a Tageszeitung isst, bloß a weng fader. Tofu is zwar ohne Cholesterin, owa leider aa ohne alles andere. Es is im Prinzip nix – man segts, owa man schmeckts ned, des genaue Gegenteil vonana Blähung praktisch!

Langer Rede kurzer Sinn: Essensmäßig eine Katastrophe! Owa es kimmt no schlimmer!
I bstell mir beim Ober a Weißbier, do sagt der zu mir: „Alkohol ist bei uns tabu!"
„Naa", soge, „Sie hamm mi falsch verstanden! I will ja koan Alkohol, sondern a Weißbier!"
Owa der war dermaßen stur! Der hod steif und fest behauptet, a Weißbier is aa Alkohol! Des daad i doch wissen, i trinks scho jahrzehntelang!
„Moment, ich bringe Ihnen die Getränkekarte!"
„I brauch koa Getränkekarte, i brauch a Weizen!"

„Sie werden sich wundern, welch leckere Sachen es ohne Alkohol gibt!"

Dann hoda d'Getränkekarte bracht. Ungefähr 30 Sorten Tee, entschlackend, anregend, beruhigend, durchblutungsfördernd – aaf deitsch gsagt alles, außer guad!

Dann Säfte: Tomatensaft, Rote-Bete-Saft, Sauerkrautsaft (des arme Sauerkraut!), Karottensaft und Selleriesaft (pfui Deifl!). Alles nix für mi!

Dann „Spezialitäten des Hauses": Kombucha-Schorle, Honigbier (eine absolute Beleidigung für des Wort „Bier"!), Ginko-Sirup und Kokosmilch mit Walnussöl.

I hob überhaupt nix zum trinka bstellt, weil i hobma denkt, vielleicht is im Zimmer in da Minibar wos Gscheits drin. Erdnüss und a Schnaps und a Bounty!

Mei Frau hod übrigens als Vorspeis' Vollkornnudeln mit Dörrobst, als Hauptspeis Dörrobst mit Topfen und als Dessert an Ziegenkäse mit Dörrobst gessn. Trunka hods an Spargel-Saft, weil der is harnreinigend! Wos des soll, woaß da Deifl! Weil mir is des völlig wurscht, ob mei Harn rein is oder ned. I spülna ja immer sofort owe.

Wias fertig war mit'm Essn, wollt' i aafs Zimmer wega da Minibar. Do kimmt aafamol da Sadist vo da Rezeption mit an weißn Jogginganzug daher und sagt: „So, jetzt haben wir uns gestärkt, dann wollen wir mal hinaus in die Nachtluft!"

Wos? Spinnt der? Wieso in die Nachluft? De is doch stockfinster! Und außerdem: I hobme ned gestärkt! Den Tofu konnst sättigungsmäßig vergessn!

I will grod sagn, dass i leider ned konn, weil i brutal Kreizweh hob, do seg i am Nebentisch a scheens jungs Deandl im hautengen Sportanzug sitzen.

„Ausse in d'Nachtluft!", howe zu meiner Frau gsagt, „i bin dermaßen vollgfressn!"

Dann samma ausse, alle voller Dörrobst, Hafer und Sesam, bloß i hungrig.

Dann hod da Sadist Übungen vorgmocht und mir hamms alle nochgmocht, aa des junge Deandl! I hobma drin im Wirtshaus denkt: „De hod einen dermaßen erotischen Ausschnitt! De wennse buckt, dann sege alles!"

Owa es gibt so Abende, do geht alles schief! Des Deandl is bei de Übungen hinter mir gstandn, vor mir war a Mo mit circa 160 Kilo, der hod im Gegensatz zum Tofu an starken Eigengeruch ghabt!

Noch zehn Minuten hod da Sadist gsagt: „So, das wars!"
„Gottseidank!", hob i mir denkt, „i bin scho fix und fertig!"
Nacha sagt da Sadist: „Die Aufwärmübungen sind beendet! Jetzt joggen wir 20 Minuten und dann beginnt der Abendsport! Der dauert dann ein Stündlein!"
A Stündlein? I glaub, i spinn! Mir war des junge Deandl schlagartig wurscht, i hob ja sowieso nix gseng vo ihr.
„Mir duat dermaßen mei Kreiz weh", howe zu meiner Frau higjammert, „i geh liawa aafs Zimmer! Moch du ruhig weida mit, Spotzerl, weil es is ja dei Gschenk und ned meins! Du sollst wos hobn davo, gell!"
Sie is mit de andern Wellnessopfer und dem Sadisten ab in d'Nacht, und i hob a Entspannungsbad gnumma in da Güllegruabn. Also in da ehemaligen natürlich!
Dann hob i no an ganz an kloan Abendspaziergang am Parkplotz gmocht. Der war eigentlich recht angenehm. Und unerwartet gesellig!
Weil im Eck vom Parkplotz is oaner gstandn mit an Lieferwogn.
Der hod Flaschenbier verkafft und Leberkaassemmeln. A Dealer praktisch!
Sechs Manner warn scho durt und hamm gemeinsam des Kreizweh bekämpft mit Bier und Leberkaassemmeln.
D'Holwe hod 5 Euro kost und d'Semmel 4 Euro. Owa trotzdem, i hobma drei Holwe und zwoa Semmeln genehmigt.
Des war da erste Hauch vo Wellness an dem Wochenende. Er hod zwar 23 Euro kost, der Hauch, owa es ghört ja im Prinzip zum Geburtstagsgeschenk für mei Frau, irgendwie zumindest.

Und für mei Frau is mir nix z'deier!

Schlusswort

Ich danke allen, die mir durch ihr Verhalten ermöglicht haben, dieses zu beobachten und die vorstehenden Geschichten darüber zu schreiben! Sollte sich jemand in manchen von mir beschriebenen Begebenheiten wieder erkennen, freut es mich besonders!
Weiter so, denn dann gehen mir die Ideen noch lange nicht aus! Bis zum nächsten Mal beziehungsweise Buch!

Pfüat eich!

Ihr und Euer
Toni Lauerer